〝Hey Siri

世界を変える仕事をするには
どうすればいいの？〟

新規事業を立ち上げ、育て、そして
トップになるための手引き

ヘンリー・クレッセル／ノーマン・ウィナースキー
Henry Kressel / Norman Winarsky
著

長澤英二
Eiji Nagasawa
訳

日刊工業新聞社

IF YOU REALLY WANT TO CHANGE THE WORLD
A Guide to Creating, Building, and Sustaining Breakthrough Ventures
by Henry Kressel and Norman Winarsky

Original work Copyright © 2015 Henry Kressel and Norman Winarsky
Published by arrangement with Harvard Business Review Press, Brighton, Massachusetts
through Tuttle-Mori Agency, Inc., Tokyo

訳者序文

　1990年代初頭、日本の総合電機メーカーは、世界一にあった半導体事業を主力事業の一つとして日本経済を牽引していた。それが、2000年以降になると、迫りくる韓国や台湾などの東アジア勢にその座を追われて、世界での存在感を失ってしまった。

　歴史的に見ると、アメリカではRCA社やコダック社、ポラロイド社などの名門企業が消滅してしまっている。日本の大手企業もまた、同じ過程の途中にあると言っても過言ではない。

　一方、アメリカでは、アップルやグーグル、フェイスブックなどに見られる"Change the World"を標榜する企業がシリコンバレーを中心に起き、世界を席巻している。ところが日本では、そのレベルの革新や新ビジネスの創出への息吹すら感じられない状況である。

　私は、1970年から2003年まで約35年にわたって、総合電機メーカーの半導体部門において、研究開発、生産、工場運営に"我が人生"を捧げてきた。その経験をもとに、"なぜ、このような事態に陥ったのか"、また"どうすれば良かったのか"、あるいは"良いのか"と自問し続けてきた。

　そして本書に出会った時に、"ここにその問いに対する答えのエッセンスがある"と感じたのが、翻訳の決意の原点である。現在、日本を牽引している産業であっても、近い将来に起こる劇的なパラダイムシフトによって、その座を失うこともあり得る。そんな事態に備えるという観点からも、大いに役立つであろう。

　本書は、すでに数多く刊行されているシリコンバレーの成功物語や、スター経営者に関する書籍とは一線を画している。本書の二人の著者は科学者として技術開発によってSiriをはじめとする画期的な技術を生み出し、幹部経営者として成功に導いてきたという経歴を有している。さらに、起こした数多くのベンチャーを育成して、"ビリオンダラーカンパニー"へと成長させていく段階での、ベンチャー・キャピタリストとしての経験をも持っている。そういった

経験の集大成として書かれたのが、本書なのである。

　ベンチャーを始めようと考えている人のみならず、企業で新規事業を担っている方々、さらに"真に世界を変える"事業を起こすことを目指している経営者への良きガイドになると信じる。

※本文中の企業・組織の名称、それに関する記述は原書発行時のものであり、変更になっている可能性があります。
※本書は、独立した出版物であり、Apple Inc. が認定、後援、その他承認したものではありません。
※ Siri、iPhone は、米国およびその他の国々で登録された Apple Inc. の商標です。
※本文に記載されているその他の製品名は、各社の商標です。
※本文中の脚注は訳者が付記しました。

序文
PREFACE

"あなたは、画期的な技術や画期的なビジネスモデルをもとに、どうやって事業を立ち上げたのか？"

"あなたは、どのような手法を使ったのか？"

"あなたは、どのようにして投資を得たのか？"

"あなたは、ベンチャーの株式を公開するか、あるいは買収の提案を受け入れるかをどのように決定したのか？

　我々は、これまでの経歴の中で、起業家や大学、研究機関、企業などから、こういう一連の質問を受け続けてきた。そういった質問に答えることはもちろん、会社を設立して成長させたいと志す人たちのために本書を書き上げた。ベンチャーの最初のコンセプトから、トップ投資家との資金調達のための最初の会合、IPO（Initial Public Offering）を実行するかどうかの決定、さらに企業上場後のイノベーションの文化の維持まで導いてくれる本になっている。

　我々の経験をもとに、画期的な企業がたどったパターンを明確化してエッセンスを抽出し、それを共有できるようした。偉大な起業家やベンチャー・キャピタリストは、おそらくこれらのパターンを認識していると考えられる。そういった意味ではこれは新しい方法論や特別な味付けではないし、今日の流行というものでもない。むしろ、これまで試され実践されたてきた実体験の、蓄積の結晶が本書なのである。

　ベンチャー・キャピタリストのビノッド・コースラ（Vinod Khosla）は、偉大な会社を創るのはエベレストを登頂するようなものであると明言している。事前に登山ルートや天候を調べもせず、ベースキャンプを設営することや登頂の各段階の計画を立てることもせず、それぞれの段階で手助けしてくれる登頂経験豊富なシェルパも雇わずに登ろうなどと考える人はいない。ところが起業家は、最も初歩的な知識だけで偉大な会社を作ろうと、毎日試みているのである。本書は、ベースキャンプを設営して、ルートを学び、エベレストの頂上へ

到達するのを助ける、あなたのためのシェルパの役割を果たしてくれる。

　同様に重要な点がある。それは、スタートアップの間に蔓延している致命的な傾向を駆逐することである。それを我々は、"失敗の文化"と呼ぶことにする。その考え方はいたくシンプルである。あなたが広範なベンチャーの構想を持っていながら、市場と製品に関する明確な理解がなかったとしよう。その場合、チームをまとめてベンチャーをスタートさせても、成功するまで度重なる方向転換を繰り返すことになるだろう。いわゆる試行錯誤である。その間の数回の失敗は織り込み済みで、最終的に自分が開発した製品が市場ニーズに合致することを望んでいる。これは、偉大なベンチャーを創り上げようとするには良い手本ではないし、本書の意図でもない。

　本書はガイドである。市場に長く留まることのできる企業の設立とその構築方法を、これまで我々やその他の多くの人々がたどってきた行程を示すことで、道案内をする。

　さらに、我々二人の経歴の組み合わせから、ユニークな優位性が生まれることとなった。ノーマン・ウィナースキー（Norman Winarsky）には、画期的な技術から会社を起こした経験がある。一方のヘンリー・クレッセル（Henry Kressel）には、画期的技術や新しいビジネスモデルを起点とする会社への投資を行い、育成し、維持してきた経験がある。幸い、二人とも一流の科学と技術の教育を受けられたこともあり、自らの技術とビジネスの基礎を融合し、活用することで経歴的にも成功することができた。

　その結果、我々は一つの因果関係を信じるにいたった。ビジネスを創ることは場当たり的なプロセスではないということである。そして、何が成功へ導き、何が失敗につながるのか、科学者という立場から解明すべく、ともに取り組んできたのである。ビジネスが成功した際に人々が呼ぶ幸運というものは、いわゆる偶然的なものではなく、成功までの一連の賢明な決断によって得られるものである。それが、本当の幸運なのだという結論に達したのである。あなたが賢明な決断をする際に、本書が役立つことを我々は望んでいる。

目次
CONTENTS

目　次

訳者序文 ･･ 3

序文 ･･ 5

第1章

失敗しないで成功するには

－成功に失敗は不要である－

我々について語ろう ･･･ **15**

なぜ、この本を書いたのか ･･･････････････････････････････････ **18**

Siri の物語 ･･･ **23**

第2章

偉大なベンチャーの創造と
構築のためのフレームワーク

－エベレストを登頂するのであれば、装備品と計画とシェルパが不可欠である－

フレームワークを構成する 8 つの要素 ･･･････････････････ **42**

ニュースター社の物語 ･･･････････････････････････････････････ **44**

7

第3章

画期的な市場機会の見出し方

－市場の課題こそが機会である／課題が大きければ機会も大きい－

企業にとっての鎮痛剤 …………………………………………………… **56**

消費者にとっての鎮痛剤 ………………………………………………… **57**

業界とサービスを変革する偉大なベンチャー …………………………… **58**

トリガーポイント1：規制が新市場を創出する ………………………… **60**

トリガーポイント2：市場と技術動向との合致 ………………………… **62**

トリガーポイント3：新製品とサービスの機会を創出する新技術プラット

　　フォームの出現 ……………………………………………………… **67**

トリガーポイント4：既存の製品とサービスをくつがえす新技術プラット

　　フォームの出現 ……………………………………………………… **70**

トリガーポイント5：新しい国際市場がチャンスを創出………………… **73**

第4章

チーム

誰が創業者で誰が経営陣なのかを定める ………………………………… **78**

CEOを見定める ………………………………………………………… **80**

スタートアップのチームの特性を定義する ……………………………… **84**

スタートアップのチームを募集する ……………………………………… **86**

チームと企業倫理を確立する …………………………………………… **91**

企業成長の各段階でチームを創る ……………………………………… **93**

目次
CONTENTS

第5章

優れた事業計画を構成する7要素

構成要素1：企業理念 ··100

構成要素2：ビジョン、ビジネスモデル、市場への参入戦略 ·········103

構成要素3：差別化された製品やサービス・ソリューション ···········107

構成要素4：製品の利点の定量的な解説 ·····························114

構成要素5：競合に対する深い分析と理解 ·····························115

構成要素6：財務計画 ··116

構成要素7：市場と投資家への魅力的な価値提案書 ···············118

第6章

投資家と役員を選ぶ

基本事項：ベンチャー・キャピタルと彼らが望むもの················123

ふさわしい投資家選び···125

投資家へのアプローチ方法··128

投資を得るまでに必要な5つの会議 ·····································129

役員会 ··135

第7章

実行

最初の重要な決断は場所の選定 ···142

財務管理 ··144

組織作り ··145

製品管理 ··146

9

早期顧客と早期収益 ……………………………………………147

魅惑的な企業協力への注意点 ………………………………149

偶然の幸運の余地を残す ………………………………………151

第8章

スタートアップの
5つの致命的なまちがい

ーベンチャー共通の致命傷は避けることができるー

致命的な過ち1：顧客を理解していない ……………………154

致命的な過ち2：CEO が不適任 ……………………………157

致命的な過ち3：財務管理の誤り ……………………………158

致命的な過ち4：自信過剰………………………………………162

致命的な過ち5：将来の業界動向を予測できない …………163

第9章

転換点での成功を手に入れる

ー買収される、合併、再度の資金調達、または IPO ？　それは明白ではないー

戦略的な選択が不可欠な理由 ………………………………173

オプション1：会社の売却………………………………………174

オプション2：新たな投資家探し ……………………………176

オプション3：株式交換で他社と合併 ………………………176

オプション4：IPO ……………………………………………177

目次
CONTENTS

第10章

将来を確かなものにする

原則1：トップから始める ……………………………………………**184**

原則2：並外れて創造的な人々の管理 ……………………………**185**

原則3：革新を促す文化の確立 ……………………………………**187**

原則4：共通する言語とプロセスの確立 ………………………**191**

原則5：イノベーションのための拠点づくり …………………**194**

原則6：すべてのレベルでイノベーションを促す ……………**197**

原則7：絶え間なきイノベーション ……………………………**199**

結論 ………………………………………………………………………**201**

注記 ………………………………………………………………………**204**

索引 ………………………………………………………………………**207**

謝辞 ………………………………………………………………………**217**

著者紹介 …………………………………………………………………**221**

11

第 **1** 章

失敗しないで成功するには

Against Failure

－成功に失敗は不要である－

世界初のバーチャル・パーソナル・アシスタントである Siri を世に問うてから、わずか 2 週間後。我々の元に、スティーブ・ジョブズ（Steve Jobs）から電話があった。我々は、市場に新たなブレークスルーを仕掛けることができたと自負していたが、成功までには数年は必要だろうと考えていた。それが、わずか数週間で結果が出たのである。

　その電話からさらに 1 年半。Siri はアップル社（Apple）の iPhone に搭載された。iPhone は、最新鋭で非常に人気のあるさまざまなサービスを提供しているが、Siri はその中核をなすアプリケーションとなっていた。今や iPhone は何千万人のユーザーに利用され、映画やテレビと同じように親しまれている。それを実現したのが Siri であり、iPhone4s の大ヒットを後押しすることで、莫大な利益を生み出した。我々は成功を収めたのである。

　この成功は異質と見られていた。それまでのシリコンバレーでの一般的な成功とは、まったく違う道筋をたどることができた。よくあるさまざまな失敗や度重なる方向転換を経験することなく、頂点に立った。

　Siri のチームは、新しい技術を開発したのではない。あくまで Siri という技術を、最適な市場に素早く移行させたのである。製品と市場の最適性を見定めて、実行可能な最小限の製品を投入することで、冒険を回避した。

　では、まず何から取りかかったのか。それは、実際的で大規模な、持続するであろう市場ニーズを特定するところから始めた。次に、特定された市場に合わせて技術的な改良を加えた。さらにそれを価値提案書（value proposition）と事業計画書（business plan）に落とし込むため、最大限に注力したのである。

　本書では、Siri 以外にも数多くの事例が示されていて、それらが成功へと導く道標となるだろう。これまで会社を立ち上げ、育て、そして誰もが知る永続的な企業へと発展させてきた過程を紹介する。それは、私たちが、そして多くの成功者がたどってきた道である。

　本書はベンチャーの作り方に関する単なるハウツー本ではない。そういう類いの書籍はすでに無数に出ているが、我々が提供するのは"偉大なる"ベンチャー企業の作り方であり、育て方である。その手助けをすることが、他との最大の相違点であり、この本の特徴である。

市場と技術の両方に、これほど多くの機会が存在する時代はこれまでなかった。

人工知能（AI：Artificial Intelligence）、ロボット、個人医療、医療デバイス、新たな小規模衛星システム、新材料、新エネルギー…。これらの凄まじい技術革新は"世界を本当に変える"新しいベンチャーを創るためのエネルギー源になっている。

本書では、真に世界を変えていくであろうベンチャー企業をどう創り上げていけばいいのか、そのすべての原則について、体系立てて言及している。ベンチャー構想の起点から始まり、最終的に継続的な革新を通して自らを支え続けることができる会社を築くまでを網羅している。

我々が目指したのは、単に過去の歴史的な事例に関する本を書くことではない。発展段階にある数多くの企業で取り組んできた私たちの経験を踏まえ、ベンチャーで素晴らしい成功を収める助けとなるであろうと信じる、教訓と原則を抽出することである。

確かに、このガイドに従った人の成功の確率が格段に高くなると言い切れない。必ずしもベンチャーが成功で終わるわけではない。しかし、多くの場合は成功で終えられると確信している。そして、ベンチャーが実際に世界を変えられた時には、世界はもっと良い場所、より多くの人が満足し、社会や文明がもっと価値と影響がある世界になっていると考えているのである。

我々について語ろう
Who We Are

我々二人、ヘンリー・クレッセル（Henry Kressel）とノーマン・ウィナースキー（Norman Winarsky）は、科学者で幹部経営者であるとともに、ベンチャー・キャピタリストでもある。二人が持つ、技術開発での実績を組み合わせることで、革新的な企業を成功へと導いてきた。ヘンリー・クレッセルは、未公開企業への投資会社であるウォーバーグ・ピンカス社（Warburg Pincus）で、30年以上にわたって共同経営者を務めている。ノーマン・ウィナースキー

は、世界最大の独立研究機関の一つである SRI インターナショナル社（SRI International、以下 SRI）※の技術をもとにベンチャーを興し、運営するグループ企業である、SRI ベンチャー社（SRI Ventures）の社長である。

　ヘンリー・クレッセルの経歴は、科学者兼エンジニアとしてスタートし、その後、RCA 社（RCA Corporation）の電子製品やデバイスの研究開発部門の上級管理者、および同社の固体電子製品部門と RCA 研究所の両部門の VP（Vice President：ヴァイスプレジデント）を務めている。彼は 31 の米国特許を取得するとともに、半導体レーザー分野で広く活用されている教科書のみならず、130 もの科学論文を発表している。これまで、シリコン・トランジスタ、LED、集積回路、半導体レーザー、太陽電池、マイクロ波装置、固体撮像素子といった数多くの画期的デバイスの開発の指揮を執ってきたのである。トランジスタ史上で最も成功したとされる 2N2102 を設計した草分け的存在であり、半導体レーザーに必要な半導体接合の中核となる技術を開発した。現在もその技術は、通信をはじめ幅広い分野に応用されている。これらの業績で、全米技術アカデミー（National Academy of Engineering）会員に選出された。また彼は、SRI の役員の職にもある。

　1983 年に共同経営者兼役員としてウォーバーグ・ピンカス社に参加したヘンリー・クレッセルは、それ以降、起業の種を見つけては永く育むことで、投資を成功に導いてきた。それは、技術とサービスの多様な分野に及んでおり、半導体から金融サービス、発電・蓄電装置、産業用ソフト、通信機器およびそのサービスにまで広がっている。これらの企業の多くは、ニューヨーク証券取引所およびナスダック（NASDAQ）に上場している。そのうちの何社かは 1 億ドルレベルの収益力と、企業価値数億ドルにまでいたっている。全体として見ると、これらの投資は多額の企業価値を生み出している。

　一方、ノーマン・ウィナースキーの 35 年の経歴は、シカゴ大学の数学科の博士およびプリンストン高等研究所の客員から始まった。その後、RCA 研究

※ SRI インターナショナル社
同社の前身は、1970 年にスタンフォード大学より独立した SRI（Stanford Research Institute）で、1975 年に SRI インターナショナルと改称している。

所へ入所して、数学者、コンピュータ科学者、起業家、上級指導者とキャリア
アップし、さまざまな分野における革新的な創造や開発を援助し、主導してき
た。たとえば、すべての静電気および静磁場特性を考慮した画像電子管システ
ムの完全なシミュレーションや、高精細 TV（HDTV）の開発を支援する人間
の視覚システムのソフトウェア的な表現などを実現してきた（ちなみに、
HDTV の開発チームはエミー賞を受賞している）。また、乳がん検査のための
コンピュータ画像技術や、ディープラーニング（deep learning）技術の萌芽
となった画像中の対象物を認識するための神経ネットワークの開発チームの主
導なども行っている。さらに彼は、SRI から起業した 30 以上のベンチャーの
手助けも行っている。そして、Siri 社の共同創設者および役員であった。

　1992 年には、ノーマン・ウィナースキーはカーツ・カールソン（Curt Carl-
son、1998 年より SRI の CEO）とともに、SRI の商品化戦略の道筋、つまり、ニュ
アンス・コミュニケーションズ社（Nuance Communications、以下ニュアン
ス社）やインテュイティヴ・サージカル社（Intuitive Surgical）、そして Siri
社といった企業を含む 60 以上ものベンチャーを世に送り出すプロセスを築き
上げた。これらの会社の市場価値の総額は 200 億ドルを超えている。

　我々が起業や運営、資金供給などを手助けしてきたベンチャーは、さまざま
な技術やビジネスモデルにより多様な市場へと広がっている。そこに共通して
いるのは、適切な基本的原則は成功へと導くが、明らかな基本的誤りは失敗を
引き起こすということである。そこで、我々とともに、基本的原則を順を追っ
て見直してみようではないか。

　数十年にわたって発展している優良企業を、起業と運営から支えてきた経験
は我々独自のものであり、本当に成功した起業家や投資家にも認められると確
信している。

なぜ、この本を書いたのか
Why We Wrote This Book

〜幸運とは、計画の副産物に他ならない〜

　一般的に、有意義なできごとはいきなり起こるわけではない。運によっ
て左右されることは事実だが、運にのみ決められるのではない。そして
幸運とは、知性と努力をすべて出し切った後に残されるものである。

－ブランチ・リッキー（Branch Rickey）※

なぜこの本を書いたのか、もう少し触れておこう。

　本書は、本当に世界に風穴を開けたいとと望んでいる起業家のためにある。
たとえば、アフリカの村にインターネットを持って行く、病気に対する新しい
治療法を開発する、老齢者や障害者の生活を改善する、すべての人類にきれい
な水を供給するといった事柄である。その想いを必ずや成功に導くためのプロ
セスを共有することが最大の目的ではあるが、それだけではない。もう一つの
大きな目標に、起業しようとする人々の間に蔓延しがちな"度重なる失敗の後
に軌道修正を頻繁に行う"という悪しき慣習を駆逐することがある。

　シリコンバレーで台頭して広がったこの風潮は、我々の観点からすると、莫
大な社会的損失をもたらした。それは、人々に個人的にも職業的にも、もっと
広い意味でも悪い影響を及ぼしている。その考え方に惑わされなければ、もっ
と有効に活用されたであろう人材に、まちがった方向性を与えてしまった。そ
れが、社会全体にも悪影響を与えたと言えるだろう。

※ブランチ・リッキー
アメリカの元プロ野球選手（捕手）、監督。その後、プロ野球団経営者となった。マイナー組織の改
革に力を入れたり、初のアフリカ系アメリカ人選手ジャッキー・ロビンソンと契約を結ぶなど、革新
的な球団幹部であったことでよく知られる。

失敗を容認する文化
The Culture of Failure

失敗することは、必須なものと見なされているようである。

特に、初期段階で少額の投資と小さいチームを必要とするソフトウェアの新規開発などでは日常的に見られる。その考えは十分に理解できる。最初にベンチャー構想を作り、チーム構成を行い、そしてベンチャーをスタートさせる。最小限で採算が取れる製品を開発し、異なる市場や仮定の製品でテストしながら、市場からのフィードバックに合わせて軌道修正を行う。何回かの失敗を繰り返しながら、最終的に製品が市場に合致することを期待する。

このアプローチは、初期運営費用が少ないソフトウェア関連の会社などのベンチャーに向いている。いくつかの一般的な事例を紹介すると、スマートフォンの画面に新しいアイコンを作成する、予定表に接続してユーザーに代わって電話をかける、買い物のリストの作成を一緒に手助けするといったものである。

しかし、本書の目的は、この種の影響度のベンチャーを創ろうとか、ソフトウェアの開発のみに限定したベンチャーを創ろうという起業家のためのものではない。"世界を変える"機会を狙うのであれば、もっと多くの費用と高い専門性が求められる。高い目標を持ったベンチャーは、市場や投資家に対する自らの価値提案をまちがえたら、生き残るチャンスはない。ぜひこの一冊を指南書として、成功の確率を増やして欲しい。

"成功するまで方針変更し続ける"というアプローチは、技術を強く愛する技術者には好まれがちだ。まず技術を市場に出すことで、その技術を誰が望むかを見極めようとするのである。

技術を愛すること自体はなにも悪いことではない。新技術はいつも革新的ベンチャーを可能にしてきたし、我々もつねに新技術の中にいた。

しかし、ビジネスにおいては、愛する技術のみに重きを置くと問題を生ずる。技術の押し売り（tech push）や技術移転（tech transfer）と呼ばれる事象である。

技術が最もうまく適用されるのは、すでに定義されている問題のソリューション（解決策）として、市場に提供された場合に限られる。その結果、製品

を機能させることができる。技術は、技術だけでは製品ではあり得ないのである。たとえば、クリックに代わって音声でユーザーがウェブ・サービスへアクセスできるようにした Siri を実現したソリューションが自然言語であった。しかし、自然言語のみでは製品になり得なかったのである。

試行錯誤（hit or miss）的なアプローチは、既存の事業計画通り奮闘してもうまくいかない時にだけ意味がある。その時は、元々の方向性を変えることもできるし、ぜひ変えるべきなのである。多くの優良企業も、既存のアプローチで失敗点を見つけて攻めるべき新市場を見出した後に成功している。

しかし、マイケル・モリッツ（Mike Moritz）が我々に語った話こそが真実だと考えている。彼は、セコイア・パートナーズ社（Sequoia Partners）のリード・ベンチャー・キャピタリストである。

「度重なる方向転換（pivot）は失敗を意味する。時には進む方向を変える必要もあるだろうが、それを戦略にしてはいけない」

さらに彼は続ける。

「"すぐに失敗する。度々失敗する"ことは、マーケティング的にはゴミでしかない。そもそも、失敗を好む者などいないだろう。度重なる方向転換が絶えず続くという状況は、方位を示さないコンパスを持っているようなもの。まずは、真北を知る必要がある」[1]

失敗に対する彼の考え方は、もう一つの示唆を含んでいる。起業家よりも投資家の心に響くということである。

ベンチャー・キャピタルの多くは、小さな賭けを数多く張ろうとする。そのうちいくつかは離陸する見込みのものもあるが、ほとんどは失敗する。そういう状況を考えると、失敗を容認しないという考え方は投資家にとっては魅力的であるし、リスク回避にもつながる。さらに、初期的段階で1社のベンチャーへ大きすぎる投資をしないですむことにもなる。

このアプローチは投資家には完璧に見えるかも知れないが、起業家にとっては好ましくない。それは、失敗の文化からもたらされる財務的、私的および専門的なコストを起業家自ら負わなければならなくなるからである。

第1章　失敗しないで成功するには
Against Failure

起業時の心得 4 か条

Four Ingredients for Start-Up Success

　我々が提唱する手法が、"失敗を繰り返しながら、度重なる方向転換をする（fail first, pivot often)"というこれまでのアプローチと本質的に異なるのは、より構成的であることである。

　画期的なベンチャー創りを目指す起業家を成功へと導くのは、次の4つの要因を組み合わせることである。

- 市場：早く成長する可能性のある大きな市場機会
- 人材：実行ができる卓越したチーム
- ソリューション：競業を凌駕し得る差別化技術、もしくはビジネス・ソリューション
- 価値提案と事業計画：会社の価値、戦略および計画を明確に表し、そして必要な投資を得るための価値提案書と事業計画書[2]

　これらの要素のいずれか一つを欠いても、成功の確率はほぼゼロとなる。

　成功した起業家はこの事実をわかっている。我々もよく知る成功を続けている起業家がいて、彼が起業した4つの企業は成功を収めており、そのすべてが大手企業に買収された。その中には、無線システムを可能にした重要な技術を提供した企業も含まれている。

　彼の言によれば、「私はまず人生の目標を立てた。人々のコミュニケーションやビジネスの手法のような大きな点で、また商取引や人の交流の世界を変えるような大きな変革に寄与した場合、それを自分の遺産として残したい。そのために努力すると。確かに、金銭的な成功は継続していきたいと望んでいる。しかし、それはその他の方法でも可能である。自分が積極的に前に進めるのも、絶えず意欲的に働き続けられるのも、"世界を変える"というベンチャーの魅力があるからである」

　彼は、自分が起業した企業の製品が市場で有効であると確認できた初期的段階、つまり完全に市場で勝利を収める前に会社を売りに出す選択をしている。

21

それはなぜかと問うたことがある。

彼は「これまで、長期的な視野を持つ投資家に出会ったことがなかったからだ」と語った。

「ベンチャーを起業するにあたって、私のビジョンを遂行してくれる優秀な人材の採用を行ったが、一方で、私が選んだ投資家は長期的な結果よりはむしろ短期的なビジネスサイクルに興味があったのである。私はこれまで、投機的な起業したばかりの会社から、長期的に成功を収められる企業に発展するまでのロードマップを持っていなかったし、そういう場合に必要となる投資につなげる術も知らなかった」

我々は、その知識をあなたに提供しようというのである。

我々が考える"世界を変える"製品やサービスとはどのようなものなのだろうか。それは、誰も過去にやっていない、そして巨大な市場規模を持つものである。

世界を変える製品やサービスを提供する企業は、すでに形成されている市場か、またはその企業によって新たに作り出された市場のいずれかで、メジャー・プレーヤーとして認められるに十分な市場占有率に到達している。そのような企業は、世界を先導するベンチャーを目指して、既存の市場を越えてさらに広がっていこうというビジョンから始まっている。

我々は、大きなビジネスを構築する過程を、出入口が頻出する階段を上って行くようなものだと考えている。各出入口は、起業家や投資家がビジネスの価値を計量的に理解することができる道標となっている。

1億ドルの市場価値を持つ企業に成長するための階段を上り続けるには、新しい資源、人材、能力、勇気、強固な意志等が必要となる。投資を得るための株式の公募（新規株式公募、またはIPO※）なども何度も必要となる。本書では、継続的な成功のために不可欠なそれらの要件について議論する。階段を上り、次の出入口にたどり着けたとしたら、大きな価値を生み出した証拠である。た

※ IPO
Initial Public Offering。未上場企業が、新規に株式を証券取引所に上場すること。

第1章　失敗しないで成功するには
Against Failure

だしそれは、ビジネスを継続して創り続けられる資源と人材がある場合のみである。

Siri の物語
The Siri Story

　ここでいよいよ、我々が Siri を始めてから、どのように Siri のベンチャービジネスを創り発展させてきたか、詳しく見ていくことにしよう。その課程で、本書の中で議論すべき、我々が従ってきたプロセスを詳細に明示する。さらに、次の第2章では、我々のアプローチの枠組みを示すつもりである。

　ノーマン・ウィナースキーは、Siri 社の共同創設者および役員だったので、最初のベンチャー構想を創るところから、最後にアップル社に買収される会社まで育て上げたすべての段階で支援をしてきた。

　Siri 社がベンチャーとしてスタートしたのが 2008 年。その 2 年後の 2010 年にはアップル社に買収されるのだが、その時には Siri は、消費者がスマートフォンから価値を引き出すための新たな方法を提供するという、画期的なアプリケーションになっていた。

　さらに、2011 年 10 月に発売された iPhone4s では、Siri は主要アプリケーションとなり、それ以来、どの iPhone シリーズでもなくてはならない存在となった。これまで、Siri と競合する数多くの製品が最先端の会社から出されてきた。グーグル社（Google）の Google Now、マイクロソフト社（Microsoft）の Cortana、アマゾンドットコム社（Amazon.com）の Echo 等々。しかし、Siri がバーチャル・パーソナル・アシスタントの領域での業界標準となっている。

　Siri の技術的な基礎は、SRI の優れた研究者によって数十年にわたって開発されたものであるが、鍵となる貢献は、SRI の人工知能センターのプログラムマネージャーであったアダム・シェイヤー（Adam Cheyer）と SRI の音声研究所である音声・人工知能センターの研究者によってなされたものである。

　一方、Siri を市場へと導いた先見性に関しては、2003 年まで遡ることができる。それは、スマートフォンが市場を構築するとともに技術革新を起こすだろ

23

うと我々が認識した年であり、過去のコンピュータの革新においてリーダーシップを取り続けてきたSRIが、この革新でもリーダーシップを取るのが相応しいと判断を下した時であった。我々は、スマートフォンの演算能力とコミュニケーション機能が、各自のポケットに入るスーパーコンピュータになり得ること、さらにいつでもどこでも簡単に情報が入手できるユビキタス※と通信能力の増強が実現されることを確信していたのである。

そこで我々は、この機会を掴むために、マーケット構想と事業計画のチームを結成し、ヴァンガード（Vanguard：先導者、先頭）と名付けた。それは、この革命の先駆者でありたいという我々の目標を、つねに思い出させる名称であった。

そのチームはノーマン・ウィナースキーと、情報・コンピュータサイエンス部門の責任者のビル・マーク（Bill Mark）が先導した。他のメンバーとしては、アダム・シェイヤー（Adam Cheyer）、パット・リンカーン（Pat Lincoln）、ダグ・バーコウ（Doug Bercow）、ジム・アーノルド（Jim Arnold）らが役員として参画していた。

ヴァンガード・チームが開発したSiriの中核的なアイデアは、2004年のレッド・ヘリング・ニュースレター（Red Herring Newsletter）に掲載されている。ノーマン・ウィナースキーによる「静かなブーム（The Quiet Boom）」と題された記事で、携帯電話におけるインテリジェンスの必要性について述べられているので紹介しよう。

　　　　野球のチケットの購入やレストランの予約といった簡単な作業でも、何十回もキーボードを叩かなければならず、時間もかかります。その代わりに、自分がしたいことをあたかも人に頼むように依頼できたら、どんなに便利なことでしょう。実は今、我々の手によって、自動的かつ安全にその任務を果たせる小規模なプログラム、ソウフトウェア・エージェ

※ユビキタス
ubiquitous。あらゆるものにコンピュータが内蔵され、いつでもどこでもネットワークにアクセスでき、さまざまな支援が得られる環境や概念を示す。

24

ントが商業化のレベルに到達しようとしているのです。それらのプログラムは、数多くの要求に対してインテリジェント・アシスタント（知的な助手）として機能します。ユーザーの要求に対して、ソウフトウェア・エージェントがそのタスクを分析して、確実に実行してくれるのです[3]。

　次の4年間にわたり、彼が示したこのビジョンがヴァンガード・チームを具体化させ前進させるとともに、我々が探し求める市場コンセプトに対する投資を得ることにもつながった。ベンチャーを創ることは、当初のゴールではなかった。市場に関する十分な知識もなかったし、通信キャリアや携帯電話会社といった、いわゆるメジャー・プレーヤーが市場を占有するものと、まだ信じていた。そのため、ヴァンガード・チームのビジョンをさらに進化させたプロジェクトを一緒に展開すべく、ドイツテレコム、モトローラ、Tモバイルを含む数十社の企業と協議を重ねていたのである。

　実はここに原則的なポイントがある。市場のコンセプトを探求する時はいつでも、すぐに顧客と一緒に活動を開始することで、現実の問題を解決しようとした。この取り組みは、いわば交通整理をするようなものである。実際のニーズを持つ顧客と協業しながら問題を解決することで、市場のコンセプトが有効かどうかをより良く理解できる。

　顧客を訪問して直接話を聞くことは有益ではあるが、それだけでは我々が取り組まなければならない市場の問題について十分な知識は得られない。あなたの考えに対して顧客が教えてくれる内容は、実際に一緒に働いた人からの話とはかけ離れている可能性が高いのである。

DARPA の役割

The Role of DARPA

　驚くべきことに、米国国防高等研究計画局（DARPA：Defense Advanced Research Program Agency）でも、ヴァンガードのビジョンと並行するかのように、AIのブレークスルーにつながるプログラムを創るというビジョンを推進していたのである。

DARPAは、インターネットをはじめ世界をリードする多くの革新的な技術に対して、ブレークスルーのための投資の責任を持つアメリカの主要な政府機関である。当時、DARPAの役員であったトニー・テザー（Tony Tether）、DARPAの情報処理技術オフィスの部長のロン・ブラフマン（Ron Brachman）、部長代理のザック・レムニオス（Zach Lemnios）は、AIのソフトウェアシステムが人々の日常生活を支えることができるかという命題に答えるためのプログラムを作成しようとしていた。彼らがイメージしていたのは、TVシリーズの"M*A*S*H[※]"に出てくるレイダー・オライリー（Radar O'Reilly）であった。大佐の個人秘書であるレイダーは、彼のボスが何を望んでいるか、大佐自身が認識する前からいつも先回りして知っているというキャラクターである。

　そしてSRIは、DRAPAプログラムのプロジェクトを勝ち取ることになる。それは、CALO（Cognitive Assistant that Learns and Organizers）[4]と名付けられ、数年後にはSiriを創るインスピレーションへとつながっていく。

　CALOは、さまざまな人たちのリーダーシップによって巨大なプログラムへと発展した。ビル・マーク、人工知能センター部長のレイ・ペロー（Ray Perrault）、アダム・シェイヤー、デビッド・イスラエル（David Israel）、カレン・マイヤーズ（Karen Myers）、人工知能センターのプログラム部長であるトム・グルーバー（Tom Gruber）、オレゴン州立大のトム・ディエッターリッヒ（Tom Dietterich）教授といった数多くの面々である。

　DARPAでは、CALOに対して2003年から2009年まで投資を行ったが、その間、スタンフォード大学、カーネギーメロン大学、カリフォルニア大学バークレー校、マサチューセッツ工科大学（MIT）を含む23の大学およびAIの名だたる研究所からの参加があった。投資総額は1億8,000万ドルを超え、DARPA史上最大のAIプログラムであった。そして、CALOプログラムの構想は、Siriおよびそれに続くベンチャーへの基礎づくりに貢献していくことに

※ M*A*S*H
1972〜1983年にアメリカCBSで放映されたテレビドラマシリーズ。MASHは移動野戦外科病院（Mobile Army Surgical Hospital）のこと。

なる。

　一方、ヴァンガード・チームでは、2007年に、構想するマーケットのチャンスは既存の会社とのプロジェクトやライセンスとしてよりは、むしろ新たなベンチャーで遂行されることが最良であろうと判断した。

　通信キャリアや携帯電話会社といくつかの有償プロジェクトを行ったが、それらのプロジェクトの遂行は困難を極めた。多くの時間を費やしながらもビジョンの一部しか進めることしかできなかったのである。

　その原因は何だったのだろうか？

　既存の通信会社との議論では、大抵の場合、次の理由のいずれか一つで返事が来た。

- それは不可能だ。その技術を実現するには20年はかかる。
- それは高すぎる。開発資金とライセンス利用料で500万ドルから1,000万ドルの投資レベルで考えている。
- ビジネスモデルの一部に含まれていない。
- 製品になるのに12か月ぐらいでは無理である。
- すぐに収益につながらない。
- すでに我々もやっている。

　このリストは、我々のアプローチに関するもう一つの重要な点を示唆してくれている。もしベンチャーを開始して、各企業の狭い目標とビジョンに合わせた製品を開発し続けていたとしたら、どの製品も我々が意図していたような広範な市場にサービスを提供することができず、失敗していた可能性が高い。

　我々がベンチャーを始めるにあたり、価値提案書を創り上げるための手助けとして、SRIのビジネスと技術のリーダーからなるステークホルダー（利害関係者）のチームを結成した。このチームは、価値提案書に一致するゴールを持ったベンチャー構想を練るために、SRIが招集したチームであった。SRIの内部スタッフのみならず、ベンチャーに加わるために募集された外部メンバーで構成されていた。なお、SRIにおけるステークホルダー・チームとは、外部のメ

ンバーと SRI の内部メンバーがベンチャー設立時に参加する創業チームと考えるといいだろう。通常、SRI のメンバーは、SRI に残って研究を続けることになる。

Siri チーム
The Siri Team

　ベンチャーの価値提案が実現可能であると判断できる段階に達した時点で、創造性があり、情熱を持ち合わせ、関連する技術領域の経験を持つリーダーが必要となる。我々は幸運にも、SRI の常駐の起業家（EIR：Entrepreneur In Residence）としてダグ・キトラウス（Dag Kittlaus）を迎えることができた。彼は、SRI 外部から参加したり、幹部として会社に参画しそうな人たちで構成されるステークホルダーのチームに指示を与えるという役割を果たしてくれた。

　SRI では、将来的に CEO（最高経営責任者）や CTO（最高技術責任者）、エンジニアリング担当の VP になる EIR を頻繁に募集していた。ダグ・キトラウスもその一人で、SRI がベンチャーを創設した場合には、彼が CEO になるだろうという契約になっていた[5]。

　ダグ・キトラウスはモトローラ社を退職した直後であった。彼はモバイルのインターネット・ポータルを作成して数多くの革新的なアプリケーションを世に送り出すことによって、起業家としての能力を発揮していた。彼はモバイル市場に関する高い知識を有していたのである。

　トム・グルーバーは、さらにその数か月後に参加した。彼は、スタンフォード・ナレッジ・システム研究所（Stanford Knowledge Systems Laboratory）の研究科学者であり、知的ユーザー・インターフェースに関する革新的なリーダーであった。

　創業チームの構成はこうである。EIR であり将来の CEO であるダグ・キトラウス、同じく EIR で将来の CTO のトム・グルーバー、将来のエンジニアリング VP のアダム・シェイヤー、そこに本来は SRI へ留まる予定だったビル・マークとノーマン・ウィナースキーが加わった。チームは、SRI のベンチャー

棟でともに働き、ほぼ毎日会い、定期的にそれぞれの構想や製品の可能性について議論を戦わせた。

　ステークホルダー・チームのメンバーは、数か月にわたり一緒に働いた。その間、可能性のあるマーケットやアプリケーションを探り、ベンチャーを発進させるための価値提案を数多く行った。最終的に、最も高い要求に取り組むことが可能な市場機会に集約することができたのである。人々はあらゆるタスクをスマートフォンで行いたいと望んでいるものの、繰り返しキーパッドを操作しなければならないことに大きな不満を持っていた。たとえば、レストランの予約や映画のチケットの購入をスマートフォンで行おうとした場合、ウェブ・サイトで必要な情報を入力するには、不可能なほど小さいキーパッドでクリックを続けなければならなかった。それは、たいしたことではないと思われていたのだが、実際には大変大きな問題をはらんでいたのである。

　すでにスマートフォンは、初期の PC よりはるかに高い演算能力を持っていたのだが、よく使われるアプリケーションは電話の呼び出し音の選択やテキストメッセージの送受信のような、いくつかのステップを必要とする単純な機能に限られていた。事実、ユーザーがスマートフォンのスクリーンでクリックを求められた場合に、クリックというまどろっこしいステップを嫌ったため、20％のユーザーがそのアプリケーションを中断して購入を中止したという市場調査結果が出ていたのである（2007 年時点では、スマートフォンのクリックは、まだ自然に行えることではなかった）。

　目的を達するために、複数の画面を経由してクリックをしなければならないということは、大抵の人にとってはいらだつものであった。結果、そのビジネスは収益を失い、市場機会も失うことになった。これは、我々の革新的な新製品を市場に出すことで解決する問題であった。

　Siri が持つ技術革新の考え方は、単純だがパワフルであった。我々は、Siri を "do engine" にすると決めたのである。これは、ユーザーがスマートフォンをクリックする代わりに、Siri に自然と話しかけるだけで答えを得られるようにするものである。検索エンジンと対照するとわかりやすい。回答を得るためのすべての作業は Siri が行う（後にそれはバーチャル・パーソナル・アシス

タントと呼ばれる）。チケットの購入や予約、天気の問い合わせ、映画の検索を直接スマートフォンへ話しかけるだけでできるようになるのだが、それは検索エンジンのようにリンク先を示すだけでなく、本当に必要な答えを直接与えてくれるのである。

　では、どうやって Siri はお金を稼ぐのか？

　我々が考えた収益モデルは CPA（cost-per-action）で、一回の処理当たりの費用を徴収する。基本的には、処理の実行を補助することで料金を得るというものであった。我々は、ホテルやレストラン等に対する消費者誘導を Siri によって実現することで、かなりの収益を確保できたのである。

Siri の価値提案書

The Siri Value Proposition

　我々は、Siri の価値提案の概要を作成した。

- 目標は、消費者が苦痛に思っている数多くのクリック作業を減じること。
- そのために、音声認識技術と自然言語の理解技術および AI を開発することで、ゼロクリック（クリックなしでの操作）を実現できる、差別化した画期的技術を提供する。
- ユーザーからの問いかけに対して単にリンク先を提供するのではなくて、真の答えを提供する "do engine" を実現する。
- 消費者の無駄な時間を減らす。
- 驚きと喜びを提供する。
- 検索サービスの雄であるグーグル社のような競合との正面からの衝突は避けて、新たにバーチャル・パーソナル・アシスタントの市場を創造する。
- ビジネスモデルは CPA とし、新たな消費者をウェブ・サービスに導くことで、その事業者に課金する。

　Siri の価値提案が明確化された時は、まさに "やった！" という瞬間であった。数十億ドルの収益を生み出す強力な製品で、何百万人もの消費者にとって大き

第 1 章　失敗しないで成功するには
Against Failure

な問題を解決することができたのである。

　ここで明確にしておきたいのは、我々は自然言語や AI で素晴らしい技術を持ってスタートしたのではないということである。そんな技術を武器にしてベンチャーを始めて製品を創り、市場を見つけて市場と製品との相性を見出したわけではないのである。むしろ、ベンチャーを設立する前に、ベンチャー構想について何度も精査することで、ようやく差別化された技術ソリューションで市場の問題を解決できる価値提案にたどり着いたのである。

テクノロジーの挑戦
The Technology Challenge

　音声認識（speech-to-text）技術は、何十年にもわたって開発されていたが、実現は困難と考えられていた。しかし、音声認識を実現しなければ、マーケットが抱えている問題は解決できない。ところが SRI は、すでに音声認識技術に関する経験を多数有していたので、比較的容易な分野だったのである。その数年前には、音声認識に取り組んできたニュアンス社という会社を送り出していて、すでにその分野の世界のリーダー的存在であった。

　ユーザーの音声をテキストに変換した後には、コンピュータにその意図を理解させなければならないが、そのためには大きな演算能力が必要で、それがハード面での困難な点であった。それは、コンピュータが人間が話している概念を理解し、それらの概念と単語のグループを関連付けることが必要となる。この解析、表現、関連付けというプロセスは、自然言語理解として知られる AI のサブフィールドを構成する。人間であればこのような課題は容易に行うが、コンピュータにとってはきわめて難しいことであり、一般には実現不可能と考えられていた。

　自然言語と推論システムは、まだ一般的には実用化されていなかった。最も初期的なシステムを導入するためにさえ、AI と自然言語を専門とする博士レベルのコンピュータ・サイエンティストが必要であった。それ以上に、そのようなシステムは安定性を欠いていたため、使いにくいものであった。我々は、何百万人もの消費者が使用する製品について議論を進めていたので、信頼でき

ることが不可欠だった。この技術の広範な基礎は、SRI の内部投資に加えて、DARPA のプログラムのもと、SRI の音声・人工知能センターと人工知能センターによって開発されたものである。さらにアダム・シェイヤーとディディエ・グッツオーニ（Didier Guzzoni）は、Siri を何百万人でも利用できる製品にするための特定の技術を実現してくれた。

SRI で最も先見性を持ったコンピュータ・サイエンティストの一人であったアダム・シェイヤーは、ほぼ20年間にわたって、制限付き委譲コンピューティング（delegated computing）※のビジョン策定や、人間がネットワーク化されたプログラムやデバイスと対話できるようにするエージェント・ベースド・システム（agent-based system）の設計や導入を行ってきた。

さらにアダム・シェイヤーは、博士課程の学生であったディディエ・グッツオーニとともに、自然言語の理解と推論のための手法を開発し、質問の理解と応答の簡素化を実現したのである。これらは、Siri の知性の基礎につながる固有のアプローチであった。

しかし、当時の AI と自然言語の理解状況では、アダム・シェイヤーとディディエ・グッツオーニのソリューションでも、ユーザーが話すであろうすべての言葉をコンピュータが理解することは非現実的だと思われた。話し言葉をテキストに変換することはかなりの高精度でできるようになっていたが、Siri に求められていたのはその先の、ユーザーの要望通りに予約をする、または予定をリマインドするといった正確な回答を返すことであった。そこで我々は、Siri の利用を旅行や娯楽のような狭い分野に限られた垂直市場（vertical market：特定のニーズを持つ顧客に対する市場）に制限することにした。それによって、Siri が理解しなければいけない内容を、理解しやすい要求に制限することができた。さらに、推論部分の作業をより簡潔化するために、ウェブ指向のサービスを利用したいと思っているユーザーの発話を処理するよう設計されていた。Siri は、ユーザーの発話を、一つ以上のウェブ・サービスの関連性の中で解釈

※制限付き委譲コンピューティング
同一のコンピュータへ複数のユーザーが同時にアクセスするための制限事項や認証の研究。

して、正しい情報をウェブ・サービスに入力し、その結果を統合してテキストまたは音声でユーザーに伝えるのである。

たとえば、ユーザーが"サンフランシスコ"で"明日泊まれる""ホテル"を探していて、"高級"または"お得"と頼んだとする。Siri は、ホテル予約を扱うウェブ・サイト（たとえば、holels.com）、ホテルのレビューや口コミのサイト（たとえば、Yelp）といったサイトにアクセスし、それらの結果を統合したうえで回答することになる。

その結果、Siri によってスマートフォンを（制限された）パーソナル・アシスタントとして機能させることができるようになる。ユーザーは、夕食の予約や天気の確認、映画の検索をクリックしなくてもできるようになる。このように、ユーザーからは見えない技術を駆使することで、スマートフォンの制約を解き放つことが、Siri の主な機能なのである。

投資を求めて
Seeking Investment

2007 年の時点で、Siri 社に対する外部からの投資を受けることを決めた。我々は、SRI に精通していて、定期的に SRI のベンチャー審査会に参加していた少数のベンチャー・キャピタリストにアプローチした。

Siri の成功には、市場と技術の両方でのブレークスルーが求められていたため、資金調達は容易ではなかった。これらのベンチャー・キャピタリストは、AI に対する誇大広告的な期待と、現実との違いを注視しており、成功には懐疑的であった。彼らは、市場、技術、競合他社など、価値提案と事業計画に含まれるあらゆる要素に懸念を抱いた。具体的な問題として、次の各点が示された。

- 消費者基盤を拡大することができるのか。
- AI は機能するのか。
- スマートフォンの処理能力は十分か。
- 通信と処理の間の待ち時間（応答の遅れ）が長すぎないか。
- CPA のビジネスモデルで十分な収益を得られるのか。

- グーグル社やマイクロソフト社などの競合企業が自社製品で急速に参入して、若手ベンチャー企業の芽をつぶすことはないか。

そこで Siri チームは、これらの懸念に対して、機会とリスクの両方を丁寧に説明した。彼らはベンチャーに関する新しいプレゼン資料を作り、元のベンチャー・キャピタリストだけでなくシリコンバレーの他のベンチャー・キャピタリストに対して、魅力的な価値提案と事業計画を再びぶつけたのである。

最終的にはそれらの懸念は和らげられたものの、完全に取り除かれることはなかった。Siri は大胆だがリスクの高い投資になろうとしていたが、AI 技術によってモバイルソフトウェア業界に影響を与えるだろうことは明らかだった。

2008 年、スマートフォンの登場から始まり、コンピューティングやストレージ、通信速度の向上、ウェブ・サービスの成長、新たな AI 技術の開発といったブレークスルーが世界的に集約されていった。それが、2008 年にすべて融合されたのである。まさしく時期到来であった！

我々は、18 か月間の資金として十分な金額、850 万ドルをベンチャーグループから調達していた。我々が目指していたのは、Siri アプリケーションを構築して市場に出し、次の資金調達を可能にするための 6 か月間の資金を最低限調達することだったのだが。

我々は、シリコンバレーのトップ・ベンチャー・キャピタリストの 2 人である、モーゲンサラー・ベンチャー社（Morgenthaler Ventures）のゲイリー・モーゲンサラー（Gary Morgenthaler）と、メンロー・ベンチャー社（Menlo Ventures）のショーン・キャロラン（Shawn Carolan）から投資を受けるとともに、彼らも役員になってくれた。ダグ・キトラウスとノーマン・ウィナースキーに加えて彼らが参加してくれたことは、我々には幸運であった。ゲイリー・モーゲンサラーやショーン・キャロランのような傑出したベンチャー・キャピタリストは、大胆で華麗である。それが重要なのである。彼らはリスクを明確に把握しているだけでなく、画期的なブレークスルーであることを理解し、Siri のような市場と技術に革新を起こす機会を追求している。

第1章　失敗しないで成功するには

Against Failure

　大部分のベンチャー・キャピタルは、これまで挙げてきたようなリスクを抱える意欲ははるかに低い。一方、何十年もの経験からくるゲイリー・モーゲンサラーの知恵とショーン・キャロランの深い洞察力は、初の理事会からアップル社による買収にいたるまで不可欠であり、戦略、計画、実行、取引条件を絶えず向上させてくれたのである。

　その間、多くの問題点が出現していた。前出のニュアンス社のようないくつかの企業は、競合であるとともに技術の提供者であった。そのような状況をどう管理していくかを決めなければならなかった。ニュアンス社は、Siri の音声認識機能を提供する二つのベンダーの一つだったが、自然言語理解や AI といった中核の技術は提供していなかった。また、グーグル社やその他の企業は、Siri に酷似したソリューションを創り始めていた。アップル社からのオファー前でさえ、いくつかの会社から Siri 買収の提案があった。さらに、プロバイダやウェブ・サービスを提供する企業との取引条件も複雑だった。主だったキャリアには別の選択肢が示されるなど、当初の製品化から大きな混乱を招いていた。

アイデアから製品化、さらに企業売却まで

From Idea to Product to Sale of the Company

　Siri のチームは、次の 18 か月でアプリケーションを開発した。ただ、我々が問題視したのは、そのソフトウェアが SRI の研究者の手によるプロトタイプ（試作品）以上として使用されるとは決して想定されていなかったことである。それを多くの人々が使えるソフトウェアに変換する必要があったのである。そのためには、魅力的なユーザーエクスペリエンス、セキュリティ、堅牢性、スケーラビリティなど、商品として不可欠なすべての要素を満たさなければならなかった。

　この経験で重要な教訓を得ることができた。もし、自社製品、市場、価値提案を明確に把握できていなかったとすれば、さまざまな製品を市場に投入してテストするなど、頻繁な方向転換を繰り返して最初の投資を使い切ってしまい、目標に到達できなかっただろう。

35

幸いなことに、我々の資金は潤沢であったのだが、現実としては、音声認識の精度をより上げること、さらに、質問に対する Siri の応答時間の短縮といった問題をクリアするため、元の計画より 6 か月の遅れが出ていたのである。

　そして 2009 年、ついに私たちは、現実世界で Siri をテストする最終段階の準備が整ったのである。

　2009 年 11 月から 2010 年 2 月の間、まず数百人によるテストを実施した。ノーマン・ウィナースキーもテストに参加して、大いなる感銘を受けることになる。Siri が大成功を収めることを実感できたからである。

　彼はこのような経験をしたという。飛行機に乗り、座席に着いていた。ところが、その飛行機の出発が遅れていたため、隣の座席の人が彼に「到着はいつ頃になるのでしょうかね」と声をかけてきた。そこでノーマン・ウィナースキーは自分の iPhone を取り出し、「Siri、ユナイテッド航空の 98 便の到着はいつになる？」と、普通に話しかけた。すると Siri が、新たな到着時間を答えてくれたのである。それをノーマン・ウィナースキーが、同乗者へ嬉々として伝えるとともに、Siri ベンチャーを設立したチームの一員だと胸を張った。その人は唖然とした様子で、「もう一つ質問していいかな？」と尋ねてきた。「なぜエコノミークラスに座っているんだい？　あなたは億万長者が座るファーストクラスにいるべきだと思うよ」

　この段階で Siri 社への投資は、ホライズン・ベンチャー社（Horizon Ventures）が率いる新たな段階へと進むことになる。同社は、ソリーナ・チョウ（Solina Chau）が率いるベンチャー・キャピタル会社で、李嘉誠（Li Kashing）財団も指揮していた。ソリーナ・チョウは投資家として非凡な才能を持ち、革新的なアイデを即座に理解できるだけでなく、その危機と機会の両方を把握できたのである。彼女は、自然言語と AI を多くの消費者が手にできることのパワーを理解し、Siri の情熱的なサポーターとなってくれた。

　そして 2010 年 2 月、ついにチームはアップル社のアップストア（App Store）の無料アプリケーションとして、Siri を世に送り出すことになる。

　我々は、スコーブライザー（Scobleizer）やテッククランチ（TechCrunch）といったサイトから、トップブロガーによるデモンストレーションとレビュー

を発信することで、Siriをスタートさせる準備をしていた。デモンストレーションは大成功で、報道機関はこぞって消費者の興味をかき立ててくれた。スコーブライザーを運営するトップブロガーのロバート・スコーブル（Robert Scoble）は、Siriが有望であることを理解し、ニュースとして大々的に発信した最初の一人であることは明らかである。彼の論評は強烈で、「ウェブの未来がここにある」と明言した[6]。Siriは天文学的な速度で、無料ダウンロードされていった。最初の週末までに、何十万人ものユーザーがダウンロードしたのである。さらに付け加えると、それはすべてのアップルアプリの上位50位内にあり、App Storeのライフスタイル部門のトップとなった。

そして、立ち上げから2週間後、ダグ・キトラウスが一本の電話について話すことになる。

「もしもし、スティーブ・ジョブズですが…」

ダグ・キトラウスが言うには、最初は冗談だと思い電話を切ってしまったのだそうである。再び電話が鳴り、「本当にスティーブ・ジョブズだよ」。実際に本人だった。

ダグ・キトラウスはスティーブ・ジョブズから、Siriの能力について祝福の言葉を受けるとともに、しばし会話をした。スティーブ・ジョブズは、ダグ・キトラウス、アダム・シェイヤー、トム・グルーバーを自宅に招待した。我々は、彼がSiriを買収する話し合いを持ちたいのはわかっていたが、売る気はさらさらなかった。自分たちが作ったロードマップに従って、Siriの新バージョンを開発し続けていけば、ビジネス価値は確実に上昇し続けると考えていたのである。

その後の数週間にわたって、スティーブ・ジョブズはダグ・キトラウスに対してSiri買収の価格交渉を行うため、毎週、何回もの電話をかけてきた。最終的に、スティーブ・ジョブズはそれまでの我々の投資に見合うだけの額を提示してきたのである。契約上の制約でオファーの内容を明示できないものの、十分に評価に値するものであった。さらにSiriの首脳部は、アップル社でスティーブ・ジョブズとともに働くことに、深く惹かれてもいた。

ここで親愛なる読者の皆さんに質問である。我々はSiri社を売ったのか、あ

るいは独立会社として成長させ続けさせようとしたのか。皆さんご承知のように、我々は売却の道を選んだ。そして、Siri はアップル社の携帯電話端末における新しく人気の高いサービスとなり、何百万台もの iPhone の購入へとつながっていったのである。

　Siri はアップル社の iOS モバイルデバイスの一部となった。Siri は市場と技術の両方において画期的なものだったが、初期の消費者が Siri の使用感に失望することもあった。発した言葉や意図する内容を認識できないことがあったためだ。アップル社による Siri 社買収後、アップル社が Siri をどう利用するかを知りようがなかったが、我々が思うに、これらの問題は、アップル社が元々の対象分野であった旅行とエンターテインメントから、世界中の人が尋ねたい話題に対応するように Siri の対象分野を広げたことによると考えられる。対象を広げることで、Siri はさらに幅広い魅力を持つ画期的な存在になった一方で、Siri の単語認識と自然言語の理解、推論能力に関するさらなる挑戦を強いるものとなった。

　今や、アップル社や他の多くの革新的な企業が技術を進化させ、新市場に貢献できる製品を開発する競争を繰り広げている。やらなければいけないことは数多くある。音声認識、自然言語、機械学習は未だ揺籃期にある。新しいバーチャル・パーソナル・アシスタントは、単語認識・言語認識において、さらに優れているだろう。質問に対して答えを返すだけでなく、文脈を理解して会話できるようになる。さらに、ユーザーの個人的な嗜好やニーズついて学習することになる。

　次世代のバーチャル・パーソナル・アシスタントは、バーチャル・パーソナル・スペリシャリストへと進化する。つまり、消費者が健康記録や銀行口座などの個人情報や機密情報にアクセスできるよう支援する存在になるのである。最近、SRI では新しいベンチャー、カシースト社（Kasisto、エスペラント語で“会計”）を発進させ、次世代バーチャル・パーソナル・スペシャリストを金融業界へ提供した。バーチャル・パーソナル・アシスタントの未来が確保されることは疑うところがない。

　Siri の物語は、我々のプロセスがどのように成功し、世界を変えられるかの

第1章　失敗しないで成功するには
Against Failure

一例に過ぎない。本書を読み続けることで、どのように進むべきかを示す我々の多くの実例を見つけて欲しい。我々は、特別な業界へのアプローチに限定するのではなく、すべての種類のサービスと製品を対象とする企業に適用できる、幅広い枠組みについて説明する。我々は、偉大なベンチャーを創るための市場機会を見つけることから、ベンチャーのための"製品の選択"そして"チームの選択"、成功した上場会社でイノベーションを継続することまで、すべての道のりにわたる問題に焦点を当てていこうと思う。

第 2 章

偉大なベンチャーの創造と
構築のためのフレームワーク

The Framework for Creating and Building a Great Venture

－エベレストを登頂するのであれば、装備品と計画とシェルパが不可欠である－

成功を生み出すには、真の天才（人的にも技術的にも）に頼っても無駄である。確かに時には一人の天才が画期的な会社を創るのに成功する。しかし、それは滅多にない。それよりむしろ、我々が新しい機会（一つは Siri の誕生で示された例と、後述する他の会社の例）を見出すために用いた基本的構成を用いることで、成功の確率は著しく高くなるであろう。

フレームワークを構成する 8 つの要素
The Eight Elements of the Framework

　我々が提唱するフレームワークの 8 要素はわかりやすく見えるかもしれないが、すべての取り決めを実践するのは難しいだろう。しかし、我々自身と偉大な起業家や投資家の経験を踏まえて何年にもわたって磨かれてきたことで、その有用性は証明されている。最も重要な点は、失敗を繰り返すというリスクをなくして、ベンチャーを発展させられることにある。

　偉大なベンチャーを創り、構築するためのフレームワークは次の通りである。

1. 急速な成長の可能性を秘めた大きな市場機会を特定する。

　第 3 章では、これらの機会を創り得るいろいろな形の市場の事象を通して学習する。

2. 競合相手を凌駕して市場成長の基礎を提供する、差別化されたテクノロジーまたはビジネス・ソリューションを特定する。

　革新的な技術やビジネス・ソリューションのみでは競合を打ち負かし、主役として市場に長期にわたって留まれるとは思えない。差別化された技術とビジネス・ソリューションの事例は、本書全体を通して提示されている。しかし、テクノロジーが第一ではなく、最も重要な要素でもないことに注意して欲しい。テクノロジー以外に答えが隠れていることもあるのである。

第2章　偉大なベンチャーの創造と構築のためのフレームワーク
The Framework for Creating and Building a Great Venture

3. 市場と技術分野に経験があり、リーダーシップとエネルギーとを持ち合わせ、その領域の知識を有し、会社を成功に導く強い意志を持った人々でチームを構成する。
　第4章でそういったチーム作りについて記述する。

4. 会社の価値、戦略と計画を明確に表現し、必要な投資を得るための価値提案書と事業計画書を作り上げる。
　第5章で、どうすれば素晴らしい価値提案書と事業計画書を作れるのかを概説する。それこそがベンチャーを創る基礎であり、ベンチャーが成長する時に実際に生きてくる文書となる。

5. ベンチャーの価値を高めるために協力を惜しまない、適切な投資家と取締役会メンバーを探し出す。
　彼らこそがパートナーであり、相談相手であり、支援者である。ビジネス創設時の困難な過程を通じて、金銭面と戦略面から支援を与えてくれるだろう。第6章で、これらの重要な人々をどのように選ぶかを記述する。

6. 組織を作り、そして力強く素早く機敏に実行する。
　真に偉大な会社を創るには、会社を始めて傍観しているだけでは不十分である。適切な人を見つけ、成功を継続する適切な組織を作らなければならない。そしてそれは、非常に早い時期に取り組むことが重要である。
　第7章と第8章でこれらの問題を記述する。

7. 会社の分岐点で成功へと導く。
　いったん成功したなら大企業になるべき分岐点に備えなければならないが、多くの組織はこの段階で失敗する。失敗しないための手引きを第9章で示す。

8. 将来を確実なものにする。
　多くの大企業は進歩が止まるか、少なくともその問題に悩まされる。会社を

43

成長させるのに役立った方法を修正することにより、革新性を維持できて、その結果、長期にわたって会社を維持できる。第10章でその方法を提示する。

便宜上、各要素に順番を付けたが、それは理解しやすくするために過ぎない。実際にベンチャーを始めようとする時には、フレームワークの最初の4要素が関係してくるが、これらの要素を個別に処理したり、一つを完了してから次に移るということではない。むしろ、各要素の大まかなアイデアを作成し、次に自分自身で選択した順序で反復処理する。それによって、価値提案が確実に仕上がっていく。その中で、市場が広すぎる、または狭すぎるといった定義のまちがいやセグメントの選択ちがいに気付くかもしれない。あるいは、技術的ソリューションが市場に適合していないかもしれない。そういう状況のままでは、成功はおぼつかない。あなたのビジネスモデルは、最初に選んだ市場には合っていなくても、別の市場ではうまくいくことがあるものである。

そういうことは日常茶飯事なのだから、諦める必要はない。

ベンチャーを創る前に改善の手順を踏むというのは、本質的であり啓発的である。重要な点は、最終的にすべての要素が検討されたということである。それを正確に完遂するには、それなりの時間も必要となる。そして、価値提案書を手に入れることができたら、次に事業計画書を作成し、資金を調達して、ベンチャーを開始するのである。

ニュースター社の物語
The Neustar Story

Siri の物語に限れば、そのプロセスは新しい技術やビジネスモデルに関するものだと考えるかもしれない。しかし、我々をはじめ、他の起業家や投資家は、何年にもわたって、あらゆる種類の状況下でこのプロセスを使ってきた。これらの原理原則は、その市場が消費者向けであるか大企業向けかであるかには関係ない。不変であり、長い間偉大な起業家によって用いられてきたことを理解して欲しい。

第2章　偉大なベンチャーの創造と構築のためのフレームワーク
The Framework for Creating and Building a Great Venture

あまり知られていない少し古い会社であるニュースター社（Neustar）に、我々のフレームワークをどのように適用したかを見てみよう。同社は、Siri社やグーグル社やフェイスブック社（Facebook）をはじめとする消費者市場向けに展開する会社とは違い、主に企業向け市場に特化していた。つまり顧客は、消費者ではなく企業であった。

本章では、構想の段階からニューヨーク証券取引所上場の大企業になるまでのニュースター社の発展を、フレームワークの第一要素から順に振り返って見る。

巨大な成長市場を特定する
Identify a Large and Growing Market

ニュースター社は1999年にスタートし、数年後には、アメリカとカナダの主要な通信データのサービスプロバイダの一つに成長した。これは、業界および消費者にとって不可欠な電気通信サービスを提供したことによる。

ニュースター社は多くのサービスを提供しているが、その基本的なサービスは、電話加入者（固定もワイヤレスも）がプロバイダを変更する際に、電話番号をそのまま維持できるようにすることであった。たとえば、ベライゾン社（Verizon）からAT&T社へ変更したいと考えた時、ニュースター社のサービスを利用することで、誰もが同じ電話番号を維持することができる。何千万人もの消費者が求めていたこの必要性に、偉大な起業家は目を向けるべきであったのだ。電話番号の変更は、大変な苦労だったのだから。さらにもっと刺激的なことに、1996年に連邦政府は、キャリア（通信事業者）がこのサービスを提供しなければならないことを義務付けたのである。

そこでニュースター社は、その必要性に応えるビジネスを構築した。今日では、通話を適切なキャリアと適切な宛先に自動的にルーティングするために、ネットワークおよびデータベースの管理を行っている。このサービスは、一定価格の複数年契約でキャリアに提供されている。ニュースター社はアメリカとカナダにおいて、この種のサービスの唯一の提供者であったものの、契約が周期的に更新されることもあって、競争にさらされやすかった。しかし2014年

45

には他のデータサービスによるビジネスと合わせて1億ドル近くの年間収益を達成し、ニューヨーク証券取引所での企業価値は1億ドル以上となった。

ニュースター社の事例は、新しいビジネスの基礎を形成し、さらなる発展へと導くための、素晴らしい価値提案書の重要性を示している。価値提案書は、新しいビジネスが何を提供すべきか、なぜそれが価値あるのか、うまくいくことで世界をどう変化させられるのかが定義できていれば、どんなにシンプルであってもいい。

ニュースター社の創設者であるジェフ・ガネック（Jeff Ganek）を導いたビジョンは、企業がデータと電話の通信を可能にする独自かつ包括的なデータ管理を実現し、そこから収益を上げることによって、莫大なビジネス価値を生み出す可能性があるという確信だった。データが企業価値の源になるという彼のビジョンは、インフラを制御するハードウェアに依存していた当時の業界のビジネスモデルとは、まったく違うものであった。今日では、データが非常に価値を持つというビジョンはよく理解されていて、多くの企業で収益につながっている。

電話番号やそれに付随する情報は、多くの人々やビジネスに到達するための鍵である。もし、アナログからデジタルに移行することで業界が大きな変化を見せたとしても、その価値は変わらないだろうとジェフ・ガネックは確信していた。さらに、デジタル通信のブームやデータ通信におけるインターネットの爆発的な影響力にもかかわらず、新しいベンチャーはその収益を高額なインフラストラクチャー用のハードウェアに依存すべきでないとも確信していたのである。

ジェフ・ガネックは業界に関する豊富な経験があった。それは、いかなる起業家にとっても重要な要素である。もし、あなた自身またはあなたのリーダーシップ・チームのメンバーが、目標とする業界で経験を持っていないなら、より大きな危険にさらされることになるだろう。

どれだけ消費者と話したとしても、市場の真の複雑さを知るだけの知識にはつながらない。ここで、あなたが目指す市場を、ジャングルと考えてみよう。遭遇する可能性のある落とし穴の存在を知ることなく、未知のジャングルに踏

み入るだろうか？　そんなことをしたら、長くは生き残れない。

　まずジェフ・ガネックは、業界における自らの経験をもとに考えを整理してみた。彼の経歴は、MCI社（Microwave Communications）のマーケティングから始まっている。同社は、AT＆Tの独占状態を崩すために設立された最初の企業で、従来の電線ではなく、マイクロ波による接続を提供していた。MCI社においてジェフ・ガネックは、通信産業の財務的危険に関する教育、特に資本集約度からくる巨大企業との競合時に発生する財務的な危険性についての教育を受けていた。

　起業家となったジェフ・ガネックは、新技術と政府の取り組みによって、業界が開放に向かっていることを実感していた。

　そこで彼は、衛星通信を活用して私的通信サービスを提供するなど、可能性のあるいくつかのベンチャーを創案した。実際に1995年に、ベンチャー構想を持ってウォーバーグ・ピンカス社（Warburg Pincus）にアプローチしてきた。我々はそれについて議論したが、大企業の競争が激化していることもあって、そのようなサービスで高い収益を得ることは難しいだろうと結論付けた。そのベンチャーは結実しなかったが、我々は仲良く別れた。

　そこに、価値提案はなく、新会社設立の機会につなげられなかったジェフ・ガネックは、MCI社を去り、通信インフラを活用する新サービスを開発したロッキード・マーティン社（Lockheed Martin）の新事業部へ入社した。

適切な差別化技術を特定する
Identify the Right Differentiated Technology

　ロッキード・マーティン社内で取りかかれる新ビジネスを探していたジェフ・ガネックは、1996年に番号ポータビリティに関する業務委託制度（number portability mandate）を知ることになる。彼は、ロッキード・マーティン社が取り組むべき興味深いビジネスチャンスであると、即座にひらめいた。なんと言っても、このプロジェクトを完遂するだけのリソースがあるのだから。

　しかし、それには、番号ポータビリティ・サービスを提供するにあたって、地域ベル電話会社（RBOCs：Regional Bell Operating Companies）から求め

47

られていた契約入札要件を満たすための適切な技術を見つける必要があった
し、相応しい技術専門家も探さなければならなかった。彼は、番号ポータビリ
ティの仕事で地域ベル電話会社のコンサルタントをしていた優れたエンジニア
のマーク・フォスター（Mark Foster）を見出した。ジェフ・ガネックは、
IBM 社のような競合他社に勝てる入札を出すために、マーク・フォスターに
自分と一緒に働いて欲しいと説得した。

　ジェフ・ガネックと彼のチームがサービスを提供するためには、大きな問題
に立ち向かわなければならなかった。地域ベル電話会社には、自動切替システ
ムがなかった。通話料金の請求のようなビジネスプロセスも、最適通話経路選
択のような技術インフラ情報も、手動で伝達されていた。そのため、遅延やエ
ラーが発生しやすいプロセスになっていたのである。この欠点を補うには、契
約入札者は地域の番号ポータビリティを可能とするインフラに対して、一つ以
上の独立した企業が責任を持つことを保証しなければならなかった。これら業
務委託先の会社は、中立なプロバイダとして選ばれることになる。

　そして、ジェフ・ガネックのリーダーシップのもとロッキード・マーティン
社は、米国連邦通信委員会（FCC：Federal Communications Commission）の
傘下にあたる米国電話通信業界によって与えられた二つの契約のうちの一つを
獲得した。契約内容としては、番号ポータビリティに対して必要な技術を設計
して管理することであった。そこで、各契約獲得者には、管理する合衆国の地
域がそれぞれ割り当てられ、業界のニーズを満たすことができるかを実証する
ことになった。

専門領域での経験を持つチーム作り

Build a Team with Domain Experience

　マーク・フォスターが考案した設計のおかげで、不完全ながらも、ガネック・
チームのみが試作品の動作を実証できた。最終的には他の契約者を退けること
ができ、ロッキード・マーティン社が唯一のプロバイダとなった。

　しかし、激変する市場の結果、ロッキード・マーティン社も最終的に契約を
解除せざるを得なくなった。同社は衛星通信サービスへ移行しようとしていた

のだが、衛星通信を利用した番号ポータビリティ・サービスという事業は、中立である参入者のみがサービスを提供して管理できるというFCCの義務要件に抵触するものであった。したがって、ロッキード・マーティン社は選択の余地なく、そのプロジェクトを放棄せざるを得なかった。そして、それが我々の投資機会を創ったのである。

ロッキード・マーティン社は、契約そのものを諦めていたわけではなかった。すでに多額の投資を行っており、もしそのプログラムが最終的に財務的な価値のあるものであれば、回収とある程度のプラスの見返りも期待された。

魅力的な価値提案と事業計画
Develop a Compelling Value Proposition and Business Plan

ジェフ・ガネックは、この契約を基礎とすることで、明確な価値提案と事業計画を持つ偉大な新会社を起業できると確信していた。

単一のプロバイダの抑圧的な影響力から消費者を解放した番号ポータビリティ・サービスは、急速に普及していった。誰もが同じ電話番号を維持しながら、別のサービスに躊躇なく切り替えることができるようになったのである。さらに、そのビジネスモデルは、消費者にとっては保証された小額の支払いに基づいていただけでなく、単一プロバイダとして競合にさらされることもなかった。そのうえ、インフラを活用して他の電気通信サービスを提供することができたのである。

いいことずくめの一方で、ジェフ・ガネックはこのようなベンチャーに資金を提供するための理解と資本を持っている、適切な投資家を見つける必要に迫られていた。というのは、ロッキード・マーティン社がそれまでの莫大な投資の回収を求めていたため、新会社設立には多額の予算が必要だったからである。

適切な投資家と役員を求めて
Find the Right Investor and Board Members

ロッキード・マーティン社は、それまでのチームと契約をまとめて買収することで、プログラムを継続できるだけの財務能力を持つ投資家を見つける権限

を、ジェフ・ガネックに委譲した。そこで彼は、ウォーバーグ・ピンカス社のヘンリー・クレッセルに、提案書を持ってアプローチしてきたのである。ジョー・ランディ（Joe Landy）やビルジ・アウグット（Bilge Ogut）とともに仕事をするうち、番号ポータビリティは技術的なリスクを十分に理解したうえでも大きなチャンスがあると確信していた。事実上、我々はジェフ・ガネックの提案に同意することになる。チームはロッキード・マーティン社と価格交渉し、業界グループと FCC の承認を得るにいたったのだが、それまでほぼ 1 年間のプロセスが必要であった。そして 1999 年、ジェフ・ガネックを CEO、マーク・フォスターを CTO とするニュースター社が誕生したのである。役員会は、投資家のみならず、電気通信業界におけるビジネスや技術の経験者で、規制当局の知識もある経験豊富な人材で構成されていたため、効果的な活動を行うことができた。

　我々の投資論に当てはめると、ニュースター社がアメリカとカナダにおけるキャリア間通信の中心に座っているという、うらやましいほどの立場にあることは明確であった。さらに我々は、自社開発であれ買収であれ、独自インフラを活用したサービスを最終的に追加提供できると考えていた。しかしながら、投資の段階では、それがどのようなサービスになるかまではわかっていなかったのだが。

　いずれにせよ、発展の可能性が高ければ、それだけリスクもまた非常に大きいものである。

- このサービスを有効にするには、ソフトウェアとハードウェアに多額の投資が必要である。
- 収益性の高い運用や投資収益率を確保できるほど十分な電話番号の数が、移管されるという保証はなかった。
- ニュースター社の能力が業界が求める厳格な要件を満たせない場合、契約の独占権も失うことになる。
- 価格設定は合意されていたが、それで会社に利益が出るという保証はなかった。

第 2 章　偉大なベンチャーの創造と構築のためのフレームワーク
The Framework for Creating and Building a Great Venture

今日では、このような資本集約的なベンチャーに投資するベンチャー・キャピタリストはほとんどいない。現在の多くの投資家は、比較的低い投資で高いリターンを得る可能性を探している。それが、ソフトウェア業界が主な投資先になった理由である。第一級の投資家のみが、大量の資本を必要とする投資を検討できる。初期段階の企業へ、大規模かつ危険な投資を考慮できるリソースや経験、自信を持っているのは彼らだけである。

組織の構築と運営
Build the Organization and Execute

ニュースター社は、会社を設立できるだけの独占的な複数年契約を交わしていた。しかしそれは、要求通りに実行された場合に限られていた。ロッキード・マーティン社から移ってきた中核となるチームは、必要とされる能力を有していた。しかし、業界が定めた緊密な要件を満たすためにはさらに多くの雇用が必要とされたため、スタートアップの予算に厳しい要求を突きつけることになった。

同社は、信頼できる事業計画を策定できる段階まで、技術開発できた。また、移管された電話番号の数に基づいたサービス価格は、最初の契約の全期間にわたって交渉された。

しかし、同社への投資が終了した 1999 年末の時点で、投資が予想以上に高額になっていたことがわかった。要求される水準まで技術を完成させるには、それが必要だったのである。契約の条件は明確で非常に挑戦的だったため、時間が敵となった。ニュースター社は、契約条件が満たされるまでは収益を得られなかった。同社はまた、競合他社に先駆けて新しいサービスを展開するための時間とも戦っていたのである。しかし、その技術が日の目を見た後には、我々の期待をはるかに超える収益が待っていたのだ。

分岐点で成功へと導く
Manage Success at the Crossover Stage

ニュースター社は単一契約に基づいて始められたので、将来その契約を失う

51

リスクにいつもつきまとわれていた。そのため、できる限り早く自分たちの領域を拡大する必要があった。チームの卓越性と中核技術の優位性によって、ニュースター社は新たなデータサービスを追加した。それは、既存のプラットフォームを活用しながら収益を増加させるもので、その結果、番号ポータビリティの収益はすぐに全体の半分にまで下がったのである。

新サービス追加の際、適切なレベルのサービスを提供するため、新たな才能ある人材を募集した。この方針は、企業価値は拡大の中で増していくという我々の信念と一致していた。データに企業価値を見出すという基本理念はずっと守られた。成長産業において不可欠なデータ管理は、収益性の高いビジネスを生み出した。それは主に、価格競争から遮断されていたためであるが、データベースや顧客基盤が伸びればデータの価値も増すのである。

ジェフ・ガネックが最適な投資家を選択したという事実は、経営陣にとっても明白であった。ニュースター社は2000年から2002年までの最初の2年間で、事業運営に7,000万ドルの投資を必要とした。一方、収入は6,800万ドルから9,200万ドルへと増加し、さらに2004年には1億6,500万ドルにまで増加。利益4,500万ドルを記録した。当時、インフラへの投資は完了していたうえ、予想されていた2003年の携帯端末の番号ポータビリティがFCCによって義務付けられたおかげで、移管される年間数量が急速に増加したためである。

堅実なビジネスと優れた経営陣により、ニュースター社は新規株式公開に向けた準備を整えた。我々は、ニューヨーク証券取引所でのIPOを2005年6月に決めた。

2006年、ウォーバーグ・ピンカス社は投資家の役割を終えた。2006年半ばには、ニュースター社の企業価値は24億ドルと評価された。ウォーバーグ・ピンカス社は、7,700万ドルの初期投資に対して、株式から12億4,000万ドルを受け取った。6.3年の投資期間で、実質回収レート56％を実現したのである。

革新を維持することで見える未来
Ensure the Future by Maintaining Innovation

その後もニュースター社は革新を原動力に、優れた管理者と技術者を増やし

第2章　偉大なベンチャーの創造と構築のためのフレームワーク
The Framework for Creating and Building a Great Venture

ていった。提供するサービスを拡大するため、相乗効果を生む買収が行われた。電話通話のルーティングを処理するための新しい通信ネットワークとして始まった技術が、2011年9月11日に発生した米国同時多発テロによってマンハッタンのダウンタウンにあるスイッチが破壊されたため動作不能になった電話スイッチをバイパスするなど、他の多くのアプリケーションをサポートするように移行されていった。

　ニュースター社はアメリカとカナダで、電話システムの重要な部分を革新的に変えた。我々が本書で強調している成功したベンチャーの好例である。

　成功したベンチャーの話は、ベンチャー構想の検証としては良いが、それ自体が起業家にとっては助けになるとは言いがたい。そこで次章では、どのようにして画期的なベンチャーのチャンスを見つけるかを説明しよう。

53

第 3 章

画期的な市場機会の見出し方
Breakthrough Market Opportunity

－市場の課題こそが機会である／課題が大きければ機会も大きい－

ベンチャー・キャピタリストの間で使い古された言葉がある。

「我々が探しているのはビタミン剤ではなく、鎮痛剤のようなビジネスである」

鎮痛剤が市場に求められていることはまちがいない。人々は喜んで買うであろう。一方、ビタミン剤の需要を予測することはずっと困難である。ベンチャー・キャピタリストは、消費者が"あって良かったもの"ではなくて、"なくてはならないもの"を求めていることを説明するために、この鎮痛剤とビタミン剤の関係を引き合いに出すことがある。

しかし、何が"鎮痛剤"にあたるのかを理解するのはかなり難しい。エイズの治療法であれば明らかな"鎮痛剤"である。一方で、お気に入りの写真を仮想の壁にピン止めできる新しいSNSが、消費者にとって明らかな"鎮痛剤"とは言いがたい。しかし、どちらも10億ドル規模の画期的な事業になる可能性はある。

市場機会というのは、つねに存在する。課題は、次の変革を起こす企業が、可能性がある市場機会を特定できるかどうかにかかっているのである。

企業にとっての鎮痛剤
Painkillers for Enterprises

市場の問題点、いわば"痛み"に対して、自社のソリューションがどのくらい応対できるのかをつねに定量化すべきである。

たとえば、顧客の収益をどれだけ伸ばせるか、あるいはコストをどれだけ削減できるかによって計ることができる。もし、ベンチャー企業が大企業の顧客向けのサービスを提供することで、収益増やコスト削減への寄与が大きければ、大いに成功の可能性がある。企業は一般的に合理的なので、収益とコストの関係が自社基準を満たしていれば、新しいソリューションでも採用するだろう。しかし、新しいソリューションを採用する場合、コストが大きくなったり、実装に時間を取られたりすることで、全体の価値が下がるという可能性もあり得ることを忘れてはいけない。

56

第3章　画期的な市場機会の見出し方
Breakthrough Market Opportunity

消費者にとっての鎮痛剤
Painkillers for Consumers

　もしベンチャーのターゲットが消費者であったら、"鎮静剤"的なアプローチは必ずしも機能するとは言えない。消費者は、人気の有無、有名人が愛用しているか、価値観や趣向、ライフスタイルに合っているかなど、市場の"苦痛"、つまり問題点とは関係のない要因により多くの影響を受けるものである。もし、自社製品がそのような要因から熱狂的な支持を得たならば、それは想定外のグッドニュースということになる。たとえば、新しいゲーム制作会社は"鎮痛剤"的な製品を作ろうなどとは考えていない。むしろ消費者を喜ばすために"ビタミン剤"を目指しているのである。

　しかし、もしあなたが消費者の"痛み"を測定して、Siri がやったようにそれを軽減できるのであれば、試してみる価値は大いにある。Siri チームは、人々がゼロ・クリック・ソリューションを使用してウェブ・サービスへアクセスすることで、どのくらいの消費者の時間が節約できて、どのくらい"痛み"が軽減されるかを測定した。さらに、Siri によってウェブ・サービスの収益がどのくらい増加するのかを定量化した。

　その結果、ホテル予約サービスなどのウェブ・サービスでは、Siri を使わずにユーザーが 1 クリックするごとに、潜在顧客の 20％を失っていたことがわかったのである。

　ここで、消費者が製品またはサービスを購入する理由をいくつか例示しておこう。

- 時間の節約
- お金の節約
- 作業の簡素化
- 驚きと喜びの体験
- お楽しみ
- 収入

57

- 情報共有とコラボレーション
- 虚栄心の満足

　消費者は、ある日突然、ある製品に大きな興味を持つが、すぐに冷めてしまうことも多い。それを予想するのが最も難しい。これは、消費者向けの製品にしばしば起こる問題である。したがってベンチャー企業は、消費者が日常的に使い、通常の生活に取り入れられる製品作りに取り組むべきである。

業界とサービスを変革する偉大なベンチャー
Great Ventures Transform Industries and Services

　インターネットとユビキタスなモバイルコミュニケーションの出現によって、非常に多くの人々の行動が変わった[1]。インターネットの普及とコンピュータの能力の低コスト化で、多くの業界やサービスが劇的に変革し続けている。それは、あなたの眼前で起こっていることである。

　そこは、敗者は適合できない確立したビジネス環境になっている。勝者となるのは、顧客経験を向上させたり、消費者のコストを削減するサービスや製品を提供するチャンスを掴んだ新興勢力である。

　たとえば、新聞広告がインターネット広告へと移行することで、既存の新聞が危機にさらされた一方で、携帯端末を通じた顧客の購入サイトへのアクセスが大幅に向上しているのである。トラベロシティ（Travelocity）のようなサイトを運営する企業は、顧客のアクセスを大幅に改善することで、旅行情報と競争力のある提案を届けられるようになった。それによって、既存の旅行代理店は大打撃を受けることになる。また、書籍をオンラインでレンタルしたり、そのまま読めるようになったことで、より安くよりタイムリーに本を利用できるようになった。それが、昔からの出版社の利益の幅を減少させた。さらに、動画のストリーミングサービスは、多くの人々にエンターテインメントを手軽に楽しめる環境を提供した一方で、ブロックバスター社（Blockbuster：アメリカに本拠地を置くビデオ・DVD のレンタルチェーン店）を倒産へと追い込

んだ。

　端的に言うと、以前はコストがかかったり入手そのものが困難だったサービスや商品でも、モバイル通信を利用することで、誰でもほぼ瞬時にアクセスして購入できるようになった。そしてそれは、市場を理解している起業家と、絶えず改善を続けている技術の力によって、今後も実現され続けるだろう。

　新しい通信技術によってもたらされた発展によって、長年にわたるサービスの提供形態が大きな様変わりを見せている。これは、めざましくかつ不可逆的な変化である。どのようなケースでも、売り手と消費者の間に入って特権的な地位から恩恵を受けていた仲介業者は外されてしまっている。現在は、新興企業が自ら費用をかけて新たな機会を作り上げ、そのプロセスにおいて莫大な経済的価値を生み出している。

　業界とサービスを変革する開発案件のリストは無限で絶えず進化しており、ある人は加速さえしていると言っている。たとえば、SNS をはじめとする消費者間のコミュニケーションという概念は、インターネットの開始以来浸透していった。実際にそのようなサービスの驚異的な力を示すとともに、企業としても価値があることを目の当たりにしたのは、フェイスブックの成功に負うところが大きい。

　こうした大規模な変革が、世界を変える（world-changing）ビジネスの創造に、どのような機会をもたらすのかを理解することは重要である。新しいベンチャーでは、適切なタイミングこそが成功の大きな要素である。歴史は決して正確に繰り返さないが、特定のパターンがあることも事実である。同様に重要なのが、発展している事象を利用できる能力を起業家が持っているかどうかである。

　そこで、企業と消費者の両方の大規模な変革の機会を創出する、少なくとも５つの主要なトリガーポイントを紹介しよう。

1.　政府の新しい規制が、新しい市場につながる。
2.　市場と技術発展が合致する。
3.　新しい技術プラットフォームが出現して、新しい製品とサービスの機会を

創出する。

4. 既存の製品やサービスをくつがえす、新しい技術のプラットフォームが出現する。

5. 新しい国際市場がチャンスを創出する。

では、これらを順番に見ていこう。

トリガーポイント 1：規制が新市場を創出する

Trigger Point 1 : Regulations Create New Markets

　政府は経済活動のほとんどすべての局面に影響を及ぼすが、正しい投資戦略を持つ起業家にとって、政府の政策の重要な転換が大きなチャンスをもたらすこともある。政府とは、確立された市場を混乱させるだけでなく、市場に新たな領域を開く無類のパワーを持っているのである。

　実際に、新たな政府規制はつねに新しい機会を創出している。それは医療サービスからワイヤレス通信、銀行業務、プライバシー、セキュリティまで、事実上すべての分野に及ぶ。たとえば、連邦健康保険法（HIPAA：Health Insurance Portability and Accountability：医療保険の携行性と責任に関する法律）、ニュースター社の基礎となった電話番号ポータビリティ（telephone number portability）に関する業務委託制度、サーベンス・オクスリー法（Sarbanes-Oxley Act：企業改革法）、ドッド・フランク法（Dodd-Frank Act：金融規制改革法）などは、既存の市場を混乱させ、新しいサービスや製品に新しいチャンスを与えるという大きな変革をもたらした。

　しかし、これは注意しなければならない点でもある。

　規制の変更に軸足を置くベンチャーをいつも苦しめる問題は、いかに自分たちが持ちこたえられるかである。政府は、昨日の熱意ある新しいベンチャーのアイデアを消滅させてしまう規制変更をする。

　ここで、我々が関与した二つの事例について紹介しよう。

高精細 TV（HDTV）

High-Definition Television

1990 年代初頭の話である。アメリカは次世代 HDTV の標準規格開発競争に負けつつあった。日本と欧州が牽引役で、それぞれアナログ・デジタル両対応の標準規格を提唱していた。これらの国の政府は、多額の資金を供与していて、それらのサービスや機器はすでに市場に出回っていたのである。

アメリカは対照的で、HDTV や家電製品では大きく水をあけられていた。アメリカ政府は標準規格策定にほとんど投資しておらず、戦意すらないようであった。アメリカの家電業界の最後の砦の一つともいえる RCA 社は、ジャック・ウェルチ（Jack Welch）が率いる GE 社（General Electric）に売却され、さらにその数年後にはフランスのトムソン社（Thomson）に売却されていた。ジャック・ウェルチは、家電事業は GE 社が必要とした収益・利益の遂行レベルには到達できない、不要なビジネスと見なしていた。

その後、天才的なひらめきを持ったリード・ハント（Reed Hundt）のリーダーシップによって、米国連邦通信委員会はアメリカがすべてをデジタルとする HDTV の標準規格を策定すると宣言した。

HDTV が利用可能な帯域幅内をすべてデジタル形式で配信できることはまだ実証されていなかったため危険をはらんでいたが、日本や欧州で開発されたすべてのアナログ・デジタル混載の標準規格を飛び越す可能性があり、勇気付けられる決定でもあった。

1993 年、前 RCA 研究所で現在は SRI の一部となっているデイヴィッド・サーノフ・リサーチセンター（David Sarnoff Research Center）の主導で、すべての主要競合企業が結集した。そこには、AT&T 社、ジェネラル・インストゥルメント社（General Instrument Corporation）、マサチューセッツ工科大学（MIT）、フィリップス社（Philips）、トムソン社、ゼニス・エレクトロニクス社（Zenith Electronics Corporation）などが参加し、HDTV 規格を作成するための "グランドアライアンス（壮大な提携）" を実現したのである。

この標準規格の開発が成功したことで、DIRECTV、Netflix、Hulu、You-Tube など数多くの新しい HDTV 製品やベンチャー企業が生まれた。さらに、

HDTV 用に開発された圧縮技術は HDTV 規格の枠を超えて、インターネット上のビデオの共有とストリーミングの基本技術となっている。

ベル電話会社の解体

The Breakup of Bell Telephone

1996 年に、アメリカ政府は 7 つの地域のベル電話会社（Bell telephone companies）へ、彼らの電話回線を他社へも解放するように命じた。この決定は、公共サービスとしてのインターネットの出現と一致していた。インターネットによって、消費者と企業の双方向データ通信の新しい時代が出現して、数多くの新しいビジネスが生み出されていった。

我々は、この規制を利用して数十億ドル規模の企業価値を持つコバッド・コミュニケーションズ社（Covad Communications、以下コバット社）を創設した。同社は、消費者や中小企業向けに、手軽に低コストで使えるメガビットレベルのデータ通信を提供していた。

トリガーポイント 2：市場と技術動向との合致

Trigger Point 2 : Market and Technology Trends Converge

ベンチャーを創出するためには、市場の動向を理解し予測することが不可欠であるが、予測は決して容易ではなく、見誤ればリスクにつながる。無関係な領域に現れた技術ソリューションが、他の市場領域にも影響を与えることで、市場動向が有効になったり、加速されることも多い。また、技術が融合されることで、勝者となったかもしれないアイデアを時代遅れにして機会を潰し得るし、その代わりに新しい機会につながることもある。どちらの結果に導くかは起業家の創造性の問題であるが、技術開発や市場ニーズの変化が激しいため、成否に誤差が入る余地はほとんどない。

正しいタイミングこそがすべてである。会社が倒産するのが早すぎるとか遅すぎるとかは問題ではない。いずれにせよ、倒産は倒産である。

現在も、さまざまな市場動向が新しいベンチャーの創出を後押ししている。

第 3 章　画期的な市場機会の見出し方
Breakthrough Market Opportunity

たとえば、各種機械駆動装置をインターネットで遠隔接続する IoT（Internet of Things：モノのインターネット。すべてのものがインターネットにつながること）、動画のストリーミングサービス、オーダーメイド医療（personalized medicine）、サイバーセキュリティ、プライバシーと信頼個人情報保護（privacy and trust）、支払いなどの金融サービス、スマートフォンの新サービス、ウェラブル・コンピューティング端末、小型衛星システム、人々の日常生活を支援するロボット工学、新しい教育提供システムなどがある。

　これまでも、不可能を可能にする技術が、何十年にもわたって開発されてきた。さまざまなものが並行して、時には連携を見せながら、新たな可能性を切り開いてきた。

　市場の枠を超えて、さまざまな分野の革新を推進した新技術の実例を挙げてみよう。新医療技術、マイクロプロセッサー技術の劇的なコストダウンと性能向上、AI、遺伝子解析、新バッテリー技術などがある。たとえばこの中の“強力なマイクロプロセッサーの登場”が、あらゆる分野での革新を推進したように、これらの技術革新がお互いを強め、加速させるのである。

　世界を変える画期的なベンチャーにつながるのは、市場と技術動向の融合から生まれる価値提案の構築である。偉大な起業家は、新興市場の機会とその市場のニーズ、差別化された技術やビジネスソリューションを特定することで、市場獲得に役立ったり、時には誰も考えていなかった新市場を創出するような価値提案を立ててきた。それぞれ何十年も続いていた市場と技術の流れが、最終的に交錯することになる。それこそが、偉大なベンチャーを創る、創造的な起業家の手中にしている洞察力である。

サンディスク社の革命的なポータブル・データストレージ・システム
SanDisk's Revolutionary Portable Data Storage Systems

　想像して欲しい。携帯電話の電源を切るたびにデータが消えて、すべての個人情報を再度入力しなければならないとしたら、どうだろうか。あるいは、使用していない時も電源をオンしておくため、レンガほどもあるバッテリーを持ち歩かなければならないとしたら。

ところが幸いにも、そういったわずらわしさを心配する必要はない。それは、サンディスク社（SanDisk）によって商品化された、画期的なフラッシュメモリのおかげである。これらの注目すべきデバイスは、システムの電源がオフになってもデータを保持してくれるのである。

　エリ・ハラリ（Eli Harari）。彼は、サンディスク社の共同出資者であり、発明者であり、影で支える先導者であった。2014年には、米国合衆国技術賞（National Medal of Technology and Innovation）を、オバマ大統領（当時）から授与されている[2]。サンディスク社は、フラッシュメモリの世界有数の供給会社の一つであり、2014年には70億ドルを超える収益を上げている。

　1980年代、エリ・ハラリが見せたビジョンは、デジタル情報の保存を非常にたやすくすることで、コンピューティングデバイスを生活の一部にすることだった。彼が目指したのは、その頃、広く使用されていた磁気ディスク記憶装置を廉価なフラッシュメモリ機器に置き換えようというものである。両者とも同じメモリ機能を提供するが、フラッシュメモリはデジタルカメラなどの携帯電子機器に適していて、必要とする動作電力も少なかった。

　エリ・ハラリは、フラッシュメモリシステムの概念を創案しただけではない。それを実現した偉大なグローバル企業を築き、生産ラインを確立し、業界標準の開発をリードするなど、革新を続けたのである。サンディスク社は、サムスン社（Samsung）のような巨大企業との競争が激化する中、業界の地位を保つため、長年の間に多数の特許を取得した。ハラリはこう述べている。「世界に提供される製品に対する私のビジョンは変わりませんでした。変わったのは、市場のリーダーであるだけでなく、同時に利益を生み出す偉大な会社を築くために必要な"戦術"でした」[3]

　電源を切ってもデータを保持できる不揮発性チップに関する技術は、すでに1988年には存在していた。しかし、それらのチップは信頼性に問題を抱えていたので、その後に登場した応用技術でそれが使えるようになるとは誰も考えていなかった。数回の書き込みと消去を行うだけで、誤動作を起こしてしまう状況であった。にもかかわらず、ハラリは、そういったデバイスが、コンピュータに接続されたメモリディスクと同様に動作するというシステム概念に関する

第3章 画期的な市場機会の見出し方
Breakthrough Market Opportunity

特許を取得している。結果的に、コンピュータ間のデータ移動を可能にする新しいポータブル・メモリシステムが誕生した。信頼性の問題に打ち勝つことで、長年にわたるデータの書き込みと消去を安心して行えるようになった。これこそ、ベースとなるデバイスの制限を克服した、システム・ソリューションの素晴らしい事例といえるだろう。

インテュイティヴ・サージカル社が創出したロボット支援による外科手術システム
Intuitive Surgical Creates Robotic Assisted Surgery System

SRI から派生したインテュイティヴ・サージカル社の沿革は、戦場での兵士の手術を外科医が遠隔的に実施することで、負傷者の命を救いたいというアメリカ政府の要望により、1980 年代に始まった[4]。

政府の要望に応えるかたちで、米国国立衛生研究所（NIH：National Institutes of Health）と DARPA は、1980 年代の後半に SRI に対して、ダ・ヴィンチ（Da Vinci）という、手術支援システムの開発へ援助を行った。ダ・ヴィンチが戦場に配備されることはなかった。というのは、それを使用するにはあまりにも困難で複雑な環境が必要だったからである。一方で、この事例は、ある人には実用的ではないと考えられる技術でも、商業的価値を発見できるという、新しいビジネス開発の創造的側面も示している。

ダ・ヴィンチは意図した目的のようには働かなかったが、起業家的な外科医と技術者は、手術室で腹腔鏡手術の外科医を支援するシステムとして、大きな市場のチャンスを感じていた。薄型の光学的および外科的器具である腹腔鏡を使って体内に入って手術する腹腔鏡検査は、主流になりつつあった。手術用の切開部が小さくてすむこと、痛みの軽減、入院日数減、感染症の予防、コスト低減などのメリットがあるからである。

しかし、腹腔鏡操作を学び使いこなすのはとても難しかった。器具としては初歩的で、直観的に使えなかった。端に小さな外科用メスがついた長い棒を、小さな切開口から挿入している模様を想像して欲しい。外科医がメスを下げたいと思ったら、棒そのものは持ち上げなければいけない。あたかも、切開部を支点とする小型のシーソーを操作しているようなものである。それでは直観的

65

に操作できないし、使いこなすのも大変である。ほんの数ミリ操作棒を上げたとしても、もう一つの端の動きは、どのくらい挿入されているかによって変わってくる。

インテュイティヴ・サージカル社は、この操作時の問題点を解決しようとしたのである。ちなみにインテュイティヴ・サージカルを和訳すると"直観的な外科手術"であり、人間の代わりをするダ・ヴィンチシステムは直観的に動作できるように設計されていることを表している。

この、新たな操作性の良さは画期的であった。

外科医は、患者近くに置いてある高機能コンピュータのワークステーションに向かい、腹腔鏡などの器具を動かすロボットを操作する。外科医の手の動きは、システムによってそのまま自然に再現される。以前のように、体内にある端を上げたければ、手元を下げるという反対の動作がなくなった。さらに、外科医の手の動きを小さな動きとして再現することで、体内での動作そのものも細かくできるようになった。それによって、最低限の切開部でも、外科医が高精度かつ自然な手の動きによる手術が行えるようになったのである。

SRIは、1994年にインテュイティヴ・サージカル社を創設し、胸部外科、心臓外科、泌尿器科、婦人科、小児科、多くの他の外科手術への利用に関して、米国食品医薬品局（FDA：Food and Drug Administration）の認可を受けた。現在では、世界中の病院で広く活用されている。

このインテュイティヴ・サージカル社の事例は、外科手術における腹腔鏡の活用と、ロボット工学とコンピュータ技術の発展という二つの流れが集約されることで実現した象徴的な例である。そこには、"腹腔鏡手術において外科医の高精度で自然な動きを可能にする"という価値提案を有している。この技術は、手術時間の短縮、処置の成功率の向上、患者の苦痛の軽減を実現している。

同社の公開されている資産価値は、約190億ドルにまで上がっている。

> ## トリガーポイント 3 ： 新製品とサービスの機会を創出する 新技術プラットフォームの出現
>
> Trigger Point 3 : A New Technology Platform Emerges That Creates New Product and Service Opportunities

　1990 年代のインターネットの出現で、新しいビジネスが爆発的に登場した。これこそが、近年の新たなベンチャーチャンス到来の、最も顕著な例であろう。インターネットの可能性については、起業家や投資家によって早くから認識されていたが、最初の数年は多くの失敗が見られた。2000 年だけでも、1,000 億ドル近い資金がベンチャー・キャピタルから数多くのスタートアップへ投資された。そのうちいくつかは電子的なシステムを、他は新たなサービスを可能とするソフトウェアを提供した。その他にも、特定のコミュニティを対象とする情報提供や、ウェブ・サイト構築などのコンサルティングサービスを提供するところもあった。しかし、これらの新しいベンチャーはほとんど存続していない。収益性の高いビジネスモデルを開発できるようになる前に、資金が枯渇してしまったのである。生き残れたのは、人々が何にお金を喜んで払うかを理解したベンチャーであった。それではそれを見ていこう。

家庭向けブロードバンド接続のパイオニア、コバッド社
Covad Pioneers Home Broadband Access

　一般消費者へ有効的なインターネットアクセスを提供するには、克服すべき大きな問題があった。それは、メガビット / 秒という高速なデジタルデータ通信にアクセスするため、容易にネットワークの潜在能力を利用できるアクセス方法が必要だった。

　初期の頃、教育機関では学者や研究者に高速インターネットアクセスを提供していたが、大多数の人は電話回線を使った低速なサービスのみを利用しており、取り残された状態だった。規制緩和によって、低速で限定的なデータ通信サービスが提供され始めていたものの、わずか数十キロビット / 秒という通信環境で、使用感は貧弱なものであった。

1990年代には、デジタル・サービス・ループ（DSL：Digital Service Loop）と呼ばれる、銅線の電話回線を使ってメガビット／秒の速度を実現するソリューションが登場した。レベルワン・コミュニケーションズ社（Level One Communications）は、数マイルの距離でもこの速度を実現できるチップを開発した。そして我々は、インテル社（Intel）のグループの人々とともに、巨大な新市場を開拓する先駆的な会社を創るチャンスを掴んだのである。

チャック・マクミン（Chuck McMinn）を中心とする創設チームは、コバッド社を設立することにした。新しいが、まだまだ高価だったDSL技術を使用して、消費者や小規模企業にブロードバンド接続を提供するためである。

ヘンリー・クレッセル、ジョー・ランディ、フランク・ブロッキン（Frank Brochin）からなるウォーバーグ・ピンカス社のチームは、1997年にチャック・マクミンの小規模な創業チームと会った。さらに我々は、ベル研究所（Bell Labs）出身の、著名で優れたコンサルタントであるバート・スタック（Bart Stuck）の協力も得られた。

我々の計画は、大衆市場に対するブロードバンド接続という緊急性が高く巨大な市場を持つニーズに対して、差別化された技術ソリューションで実現するというものであった。誰もが望むことができるような価値提案を明確にしている。このプロジェクトのすべての参加者は、会社を成功させるには多くの課題を克服する必要があると認識していた。

ベンチャー・チームは、必要とされるほとんどのスキルは持っていたものの、通信サービスのマネージメントの経験が欠けていた。創業時のCEOであったチャック・マクミンは取締役会長になり、通信業界の経験が豊富であった部長のボブ・ノウリング（Bob Knowling）がCEOに就任した。そして経営幹部として有能なチームを採用した。

費用も発生した。そのチップセットは数百ドルで販売されていたので、家庭に設置するモデムの金額が1,000ドル以上になってしまう。それでは、大衆市場では高すぎた。しかし我々は、民生機器に必要なチップの価格は、迅速かつ劇的に下げることをムーアの法則[※]から知っていた。実際に、コバッド社は、月額70ドル以下という適切な価格でのサービスを提供することができたので

第3章 画期的な市場機会の見出し方
Breakthrough Market Opportunity

ある。さらに、レベルワン・コミュニケーションズ社がチップを供給していたために、将来的な設備コストの削減にも自信があった。

他にも懸案事項があった。政府による新たな業務委託制度によって地域ベル電話会社の銅線の電話回線が利用できるようになったが、最終的に回線は加入者の自宅近くの中央施設に接続しなければならないという制約があった。広帯域信号はそれほど遠くまで運べなかったためである。それを実現するには、地域ベル電話会社が彼らの中央施設を、コバッド社が接続し、利用できるようにしなければならない。それは、先例のない協力関係であった。地域ベル電話会社が友好的ではなかったこともあって、コバッド社では通信環境の規制に精通していて、中央施設への接続に関して電話会社とうまく折衝できる経験豊かな幹部を採用した。さらに、各種の政府機関にアプローチして、規制面からのサポートを取り付けていったのである。

この会社を設立するのには、非常にコストがかかった。コバッド社は、サービスとコンピュータ・インフラ、そのサービスを管理して提供するための新しいソフトウェア、新たな料金徴収システムが必要であった。しかし、通信用のソフトウェアに注力したスタートアップは非常に多かったので、それらのソフトウェア製品を購入することで、自社の大規模な開発チームを作らなくてもすんだのである。

この市場は巨大なものになるという認識が、資金調達を後押しした。コバッド社は、1999年のIPOも含めて、数億ドルの投資を得ることができた。手ごろな価格でインターネット接続できるというニーズが、巨大市場を形成すると認識していた投資家たちを動かしたからである。

しかし、市場の大きさゆえに、時間との競争にさらされることになる。競合は不可避であり、コバッド社の先行参入は際どいものであった。需要の急増を見たケーブル業界と地域ベル電話会社自身も参入し、深刻な競合関係となった。

※ムーアの法則
インテル社の共同創設者であるゴードン・ムーア（Gordon E. Moore）が提唱した半導体の集積度が2年で2倍になるとする経験則。コンピュータの性能が1年半で2倍に向上するという法則は、これを置き換えたもの。

69

しかし、初期の段階では、既存の電気通信会社は、ブロードバンドによるインターネット接続への関心が急速に高まっていることを認識するのに時間がかかっていた。そのため、コバッド社に提供されている銅線の電話回線と中央施設を使用したサービスの利用を選ぶ傾向が強かった。

ウォーバーグ・ピンカス社は、コバッド社をスタートさせるために 600 万ドル投資した。ピーク時の同社の公開価値は 70 億ドルにまで上がった。ウォーバーグ・ピンカス社は、この投資から 10 億ドルの利益を得たのである。

トリガーポイント 4：既存の製品とサービスをくつがえす新技術プラットフォームの出現

Trigger Point 4 : A New Technology Platform Emerges That Displaces Existing Products and Services

新技術は、起業家が既存のニーズをより効果的に遂行するために使用する場合にも有益である。このようなベンチャーの価値提案は、顧客とサプライヤーをどう効果的に結びつけられるかにかかっている。

クレジットカード払いのパイオニア、ノバ社

Nova Pioneers Credit Card Payments

1990 年代初頭、クレジットカードの個人使用は一般化して、年率で 18％の伸びで成長した。しかしそれは、付随するコストにもかかわらず、カードを受け入れた比較的規模の大きな店舗によるものであった。多くの小規模店舗は、コスト高や支払いカウンターでカード支払いの処理の時間が長いといった理由で、カードを受け入れる余裕はなかったのである。

銀行のクレジットカード事業で働いていた 11 名の経験者からなる起業家チームが、ヘンリー・クレッセルにアプローチしてきた。彼らの希望は、小規模店舗でもクレジットカード払いができるようにする、ノバ・インフォメーション・システム社（Nova Information Systems、以下ノバ社）を立ち上げたいというものであった。

第 3 章　画期的な市場機会の見出し方
Breakthrough Market Opportunity

　最初の印象では、クレジットカード処理ビジネスへの参入は、ヘンリー・ク
レッセルには魅力的には映らなかった。このビジネスで利益を出せるのは銀行
だけだと考えたのは、広範なインフラが必要であり、店舗のサポート費用、規
制要件を満たす必要性などがあったからである。

　しかし、この場合は違っていた。

　ノバ社は、クレジットカードビジネスのすべての領域での専門的知識を持つ
メンバーによる優れたチームであり、さらに最も重要な点は、彼らがこれまで
の問題点を解決できる差別化した技術的手法を持っていたことである。

　チームの技術者は、当時銀行が使用していた費用がかかる IBM のメインフ
レーム・コンピュータではなく、低価格なコンピュータでも処理ができるソフ
トウェアを開発していた。それによって、ノバ社の技術的なインフラを、他社
と比べて低価格で導入できるということであった。

　このチームの技術者はまた、利用店舗に引かれた 1 本の電話回線で、音声と
データ回線の両方が利用できるという優れた技術も開発していた。データ回線
は、ノバ社のデータセンターに接続するためのものである。そのための専用回
線を引くことなど些末なことに思われるが、1990 年中頃の小規模店舗にとっ
てそのような費用は負担であった。

　こういった技術の組み合わせによって、店舗の端末装置でカード処理時間が
数秒のみという時間の大幅削減につながった。その結果、ノバ社は、既存の銀
行のシステムより低い経費でサービスを提供することができるようになった。
これは、ウォーバーグ・ピンカス社の評価チームの目を引く、価値提案であっ
た。

　一人の技術者が、その業界に素晴らしいインパクトを与えるソリューション
を提案したのは注目に値する。それも、すでに成熟したと考えられ、また巨大
な資力を持った大銀行によって支配されてきた業界に対して、そのソリュー
ションをぶつけていったのである。しかし、このような事例は、決して珍しい
ものではない。

　この機会に関する十分な解析の後、我々は同社へ投資を行った。創業者にとっ
て魅力だったのは、我々の投資部門が 3,000 万ドルの貸出限度枠を設定し、さ

71

らに事業の節目ごとに一定の到達点に達していれば、同社の資金調達を継続するという提案だったことである。スタートアップチームは、これがIPO前に必要な唯一の資金になることを期待していた。なお、このような貸付限度額の設定は、野心的な考えを持った一流の起業家を引き付ける価値ある方法である。

　投資期間、ジョー・ランディとチップ・カイ（Chip Kaye）は、ヘンリー・クレッセルとともに、同社の戦略のすべての面で積極的に参画した。究極ともいえるノバ社の大成功は、熟成したマーケットでの技術革新だけでなく、顧客店舗を獲得するための新しいアプローチによるものであった。

　それは、個々の小規模店舗にアプローチしてサービス展開するのではない。全米中の中小規模の銀行に店舗の取引口座を開設すれば、その銀行をそのまま販売代理店にするという手法なのである。小規模な店舗は銀行との関係が必要であり、一方、銀行はそのサービスの一部としてクレジットカード決済業務も提供できるようになる。クレジットカード決済は銀行にとっても負担であった。そのため、ノバ社への委託は、店舗との関係を維持しながら、新顧客を提供することで報酬も得られるという、コスト削減方法だったのである。ほんの5年の間に、数百もの銀行がノバ社のパートナーとなった。

　この成功事例は、成熟した市場の中でサービスが不十分な部分を見つける重要性を示している。そこに対して、新しい技術で既存の製品やサービスを置き換えることができれば、利益が出るビジネスを創出できるのである。そのような市場は既存のベンダー（特に大企業）は見落としがちである。ゆえに、創造的な起業家にとって肥沃な土地になるのである。

　ノバ社へのベンチャー投資総額は3,000万ドルで、当初の計画通りであった。1996年、ニューヨーク証券取引所でIPOを行った。さらに2001年にはUSバンコープ社（US Bancorp）に21億ドルで買収されるのだが、その時点での収益が16億ドルでアメリカで第3位の大手クレジットカード処理会社になっていた。

　ノバ社との合併によって、銀行業務名がエラボン社（Elavon）に変更された。100万以上の小規模店舗にサービスを提供する、世界トップクラスのクレジットカード処理業者の一つにまで成長した。ノバ社のCEOで創業者でもあった

エド・グルゼッドジンスキー（Ed Grzedzinski）が合併組織のトップになった。

トリガーポイント5：新しい国際市場がチャンスを創出
Trigger Point 5 : New International Markets Create Opportunities

　起業家は、自分がよく知っている地域に注目しがちである。しかし、グローバルなデジタル経済の成長が、関連サービスを提供する非常に貴重な国際企業を創造する新たな機会を提供してくれた。関心を集める国際市場の一つに、IT関連技術を導入するための製品とサービスの提供がある。

世界的なIT資源を創出するネス社
Ness Creates Worldwide IT Resource

　商業的・工業的能力を備えた多くの国による国際市場への参入は1980年代に始まった。すべての国が基本的に必要としたのは、最新のIT技術を自国の企業に導入することだった。特に、先端的な企業用コンピュータシステムと通信システムの選択、設置、管理に関する専門知識が求められていた。同一の企業などあり得ないので、ITに関するスキルと専門知識は不可欠だった。顧客は、最高のパフォーマンスと最低価格での提供を望んでいた。1990年代、そのような専門家は人材不足で、契約ベースで採用されるのが通例であった。

　そんな折、我々はジョー・ランディ、フランク・ブロッキンと協力して、イスラエルのITサービス会社であるネス・テクノロジー社（Ness Technologies、以下ネス社）への資金提供について分析する機会を得た。

　グローバル市場で高品質のITサービスが必要とされるということは、誰もが知っていた。多くのインドの企業が市場に出ていたが、イスラエルのネス社は、世界中で利用可能な高品質のスキルと技術に基づいて差別化を図ろうとしていた。

　1999年に、イスラエルの現地投資家によって、ラビフ・ゾラー（Raviv Zoller）を紹介された。ヘブライ語の"Ness"は"奇跡"を意味しており、我々が望む会社を創るには、通常の幸運以上のものが必要になりそうだと暗示して

いた。ラビフ・ゾラーは、研鑽を積んだ会計士であり、国際企業を築くというビジョンを持つ優れた投資家であった。彼は、IT 分野の広い領域の知識を持っているだけでなく、買収の候補になりそうなイスラエルの会社に関わっている人々を知っていた。

　国際的な IT 企業を創るというビジョンでは、新しい企業が顧客基盤と市場の信頼性を構築するには長い時間がかかるため、既存の企業の基盤を必要としていた。ネス社をスタートさせる時にヘンリー・クレッセルが気付いた最も困難な部分は、いくつかの小さな地場の会社をまとまりのある事業へ整理統合すること、CEO を見つけること、そしてイスラエルで事業をするだけでなく、ビジネス成長の見通しが最も良い国々で世界市場に取り組むことができる組織を設置することであった。

　ラビフ・ゾラーは、ネス社の CFO（最高財務責任者）を引き受けるため自らの投資銀行会社を退職した。そして我々は、CEO 経験があり IT 専門家として経験十分なヤロン・ポラック（Yaron Polak）を、CEO として採用した。

　企業を統合してイスラエルの外に拡大し始めた頃、各国の地元の組織を獲得して、足場を得る必要があることが明らかになってきた。イスラエルの技術者の能力がどんなに高くても、企業は国内の請負業者を望む傾向があり、ネス社に依頼するのを躊躇するのである。幸運にも、我々にはビル・ジェーンウェイ（Bill Janeway）が責任者であるチェコ共和国の IT 企業と、チップ・カイが責任者であるインドの IT 企業へ投資をした経験があった。両社ともに小さい会社であったが、ネス社へ統合された。

　国際的な顧客へのサービス提供戦略は、導入に際してイスラエル人専門家をサポートにつけながら、地域のエンジニアによって契約を遂行することであった。地域ビジネスにおいて、その効果は絶大であった。チェコ共和国での事業は、ハンガリーとルーマニアにサービスを拡大したこともあって、年間収入2,000 万ドルから 1 億ドル以上に増加した。また、強力な管理体制と最先端技術の修得に関しても、各地域で同様に展開された。

　最終的に、ラビフ・ゾラーはヤロン・ポラックに代わって CEO に就任し、国際的な市場を加速度的に拡大した。またラビフ・ゾラーは、それぞれの会社

が操業している地域で、幹部経営者を採用することにも注力した。

ネス社は、2004年にナスダックで株式を公開した。そして、シティコープ社（Citycorp）に2008年に買収される前には、約5億ドルの公的市場価値と4億7,500万ドルの収入を得るにいたった。

優れた企業を創出するには、大変革へのチャンスとなる市場への参入のタイミング（マーケット・トリガーポイント）と、顧客の課題（ペインポイント）とを明らかにする必要があることがわかったであろう。

では、ビジョンを実現するためのチームのメンバーを、どのように見つけ採用すればいいのか。次章で見ていこう。

第**4**章

チーム
The Team

何かを決めるまでは、機智と創造のすべての行為に関して、躊躇があり引き返す機会がある。また、無知が、無数の着想や素晴らしい計画を抹殺してしまうという、基本的な真理がある。ところが、自らが何かを決した瞬間、神の摂理も動き出すということもまた真理である。起こるはずのないことが起きて、助けてくれるであろう。

意思を決定してから起きるすべてのできごとが、自らが望む方向へと動く。誰も夢想だにしなかったような予期せぬ事件や出会い、重要な援助などが起こるのである。

できること、あるいはできると夢見ていることであればどんなことであっても、今すぐ始めるべきである。大胆さには天才が宿り、力があり、魔法ともなる。

さあ、すぐに始めなさい。　　　　　　　　　　　　　－ゲーテ（Goethe）※の言葉

※ゲーテ：ヨハン・ヴォルフガング・フォン・ゲーテ（Johann Wolfgang von Goethe）
1749 ～ 1832 年。ドイツの詩人、劇作家、小説家。小説『若きウェルテルの悩み』、戯曲『ファウスト』などが知られる、ドイツを代表する文豪。

野心的な起業家にとって、成功への道はいつも曲がりくねっていて、先の予測ができない。ベンチャーが進捗していくにつれ、さまざまな理由で袋小路に入ったり、迷いが生じたりする。それは、既知あるいは未知の競合やリスク、多くの戦略や戦術、さまざまな段階での新ソリューションと新たな才能の必要性、市場からの不意打ちなど。アイデアだけで成功することは決してないし、機密情報や特許でもほとんどあり得ない。結局のところ、成功へと導くのは、優れたベンチャー構想を、競合他社より、より速くより良く実現できるかどうかにかかっているのである。

　この章では、チームを募集するプロセスに焦点を当てる。それは、困難で不確実な環境であっても、確実に実行できる能力を備えたチームである。

　　　製品には、それを作り上げた人たちの才能が現れていると捉えると、製品を理解しやすくなります。素晴らしいチームは素晴らしい製品を作り出します。一方、平凡なチームはいつも平凡な製品を作ってしまいます。

ここで、チームを作るための全体的なプロセスを示しておこう。

- 誰が創業者で、誰が経営陣なのかを定めること。
- CEO を見定めること。
- スタートアップのチームの特性を定義すること。
- スタートアップのチームを募集すること。
- チームと企業倫理を確立すること。
- 企業成長の各段階でチーム作りと変更を行うこと。

誰が創業者で誰が経営陣なのかを定める
Determine Who Are Founders and Who Are Executives

　創業者がベンチャー構想と価値提案とを作る時、彼らは会社の基礎を作っているのである。その際にしばしば起こる問題として、創業者が自分は会社の経

営幹部であると考えてしまうことである。確かに、創業者が CEO や役員になることもできるし、そう珍しいことでもない。しかし、先見性のある創業者だったとしても、企業を成功に導くだけの、会社運営上の問題点に焦点を当てる能力やスキルを持っていないかもしれない。たとえば、革新的技術を発明した科学者は、世界をリードするだけの技術の才能は有しているだろう。しかし、何年にもわたる修得が求められる、市場に関する知識やビジネス経験は欠けているかもしれない。そういった創業者は、会社を成功に導くような CEO にはなりそうもない。

　（当然のことながら例外はあるし、このような事柄に対して独断的であってはならない。過去にも、経営幹部としての経験がなくても優れた CEO は出現している。例えば、グーグル社のラリー・ペイジ（Larry Page）や、ニュースター社のジェフ・ガネックである）

　発明者や情熱的な創業者は、科学のビジョンや技術を創造し、進展させたいという熱情に揺り動かされているため、優れたリーダーや幹部になれないかもしれないし、製品作りに注力しないかもしれない。これが、大学や研究所からの研究者や科学者が、会社を運営する際に必ずしも必要ではない理由である。製品を作り出して商用化するには、異なる種類の才能が必要となる。それは、顧客体験やデザイン、形と機能、コストと品質、進捗管理と成果といった製品のあらゆる側面に焦点を当てられることである。

　ビジネス研究の世界には、長い期間にわたる論争がある。それは、ベンチャー構想と CEO およびそのチームのどちらが、会社の成功に重要かということである。これはしばしば"馬と騎手"の関係として問われてきた問題である。あなたが"馬"にあたる優れたビジネス構想を持っていたとしよう。もし、"騎手"である CEO とそのチームに能力がなかったとしたら、成功するだろうか。あるいは、優秀な CEO とチームを持っていたとしても、それほど優れないビジネスアイデアを成功に導けるだろうか。

　これは未解決の問題ではあるものの、我々を含むほとんどのベンチャー・キャピタリストは、騎手を強く推すであろう。

　それは、ビジネスプランが予期せぬ障害にさらされたとしても、卓越した

CEO とそのチームであれば、企業を構築する際の大きな困難を乗り越えて成功へと導くことができると確信しているからである。

　一方で、優秀でない CEO とそのチームでは、ビジネスプランが優れているかどうかにかかわらず、新しいベンチャーがつねに直面することになる、一連の課題を乗り切ることはできないであろう。

CEO を見定める
Identify the CEO

　チーム全体の強さも大事ではあるが、企業のリーダーである CEO は、チームのメンバーの中で最も重要である。CEO は、戦略、企業文化、人材募集、インセンティブや報奨金、スケジュール管理、事業の節目、具体的な成果などを含む、あらゆる形態の意思決定に関する最終的な権限を有している。

　もし、あなたがベンチャーを始めた起業家であるとしても、CEO でなければならないと決めてかかることはない。運用チームで多くの役割を持つかも知れないし、単なる創業者なのかもしれない。それも、大きな報酬を得るだけでなく、会社にとってずっと大切に思ってもらえるような創業者かもしれない。SRI の場合、過去 20 年間で SRI 出身の CEO を迎えたベンチャーは、ほんの 1・2 社である。

　優秀な企業を作るにためは、どんな困難な状況でも、人々を鼓舞し続けられる CEO でなければならない。チームからの忠誠心と信頼を得られるような、誠実な人でなければならない。周囲の意見に耳を傾け、変化する状況に適応できる柔軟性がなければならない。そしてなによりも、世界を変える企業を作るための、エネルギー、野心、情熱、前進力を持っていなければならない。世界を先導するベンチャー・キャピタリストの一人であるビノッド・コースラ（Vinod Khosla）は、投資をしたくなる CEO のタイプと、参加したいと思う役員会について言及している。彼は、先駆的で新しい考えを持っている人々を探している。また彼は、既存のカテゴリーに収まらない、新たな範疇に属するビジネスを作り出すようなアイデアが好きだという。

第4章　チーム
The Team

　ビノッド・コースラが求めている CEO とそのチームメンバーは、成し遂げたいと思う大胆なビジョンを持ち、さらにそれを実行する能力を持つ人たちである。

　彼は言う。「製品を決定する時に、フォーカスグループ※を使うような人物ではない。そういう人は、すべてを凡庸にしてしまう」

　「総意や一般的な意見ではないのだ。スティーブ・ジョブズが、総意から出た忠告など無視していたのは有名だろう。真に新しい製品コンセプトは、ビジョンから生まれるものである。手法ではないのだ。ビジョン、情熱、そして不退転の覚悟である」[1]

　彼が投資したいタイプの CEO を説明する際に、ビノッド・コースラが好んで使う二つの引用がある。一つはジョージ・バーナード・ショー（George Bernard Shaw）※である。

　　　分別がある人は、自分を世界に合わせる。分別がない人は、世界を自分に順応させようと躍起になる。よって、あらゆる進歩は、分別がない人に因っているのである。

　次の引用は、マーティン・ルーサー・キング・ジュニア（Martin Luther King Jr.）※である。

　　　しかし我が友よ、私が到達した結論をあなた方に言いたい。この国に

※フォーカスグループ
マーケティング・リサーチで、グループインタビューなどから情報を収集するために集められた顧客グループ。

※ジョージ・バーナード・ショー
1856 〜 1950 年。アイルランドの劇作家、脚本家、評論家。イギリス近代演劇の確立者として知られる。ノーベル文学賞を受賞（1925 年）。

※マーティン・ルーサー・キング・ジュニア
1929 〜 1968 年。プロテスタントバプテスト派の牧師で、アメリカ公民権運動の指導者。ノーベル平和賞を受賞（1964 年）。

も、この世界にも確かなことがある。それは、私が不適応であることに誇りを持っているということ。さらに、素晴らしい社会が実現するまでは、すべての善良な人々が不適応であるだろうということを。

　我々の経験では、革新的技術に依存したベンチャーを起こしたほとんどの場合、懐疑派からの二つの批判に遭遇する。"すでにやられている"か"不可能だ"と言うのである。そういう時でも、その二つの批判に立ち向かっていけるか。"可能である"し"以前にもなされていない"と確信を持ち続けられるか。ビノッド・コースラが語っているのは、そういうリーダーシップや情熱である。

　優れたCEOの能力を見る方法はたくさんある。その中でも、不可能と思われることを成し遂げるために人々を鼓舞する能力は高位置にリストされる。

　ザ・ホーム・デポ社（The Home Depot）の共同出資者であるケン・ランゴーン（Ken Langone）は、それを次のようにうまく表現している。

　「優れたリーダーは、できないと思っている人にもやらせてしまうものである。優れたリーダーは、相手に信頼と自信を与えるし、失敗を恐れるなと言うだろう。たとえ失敗したとしても、あなたの責任にはしない。失敗したとしても、それはもっとがんばるか、他の道を探せば良いだけのことだけだからと」[2]

　説得力のあるベンチャー構想を持っていても、リーダーシップが弱ければ失敗もあり得る。一部のCEOとそのチームは、チャンスやその市場価値に対する洞察力が欠けている。市場と技術分野における多くの経験と専門知識が不足していることも多い。その他にも、困難なできごとや新たなチャンスに際して人々を導き、動機付けを行うだけの能力がない。先見性はあるものの、経験不足で実現できない、といったこともあるだろう。

　失敗したCEOの最大の問題点は、おそらくは市場参入と収益の発生に関して、タイミングと実行リスクが評価できなかったことにあるのではないだろうか。時間が経てば資金は減る。判断を誤れば、一定の目標を達成してさらなる投資を得る前に、ビジネスで資金不足になってしまう。つまり、時間こそがCEOの資質の試金石なのである。

　時として、遅延は避けられない。新しいマーケットに参入する代償でもある。

しかし、技術の準備と市場の受け入れとの間にタイムラグが生じることで、新技術にとって大きな問題になる可能性がある。

フラッシュメモリ機器の場合を見てみよう。主要と見られていたデジタルカメラ市場が確立するまで、サンディスク社創設から数年を要している。CEOであるエリ・ハラリの言によると「予定していた期間を超えて会社が資金を減らしていったのは、最初の応用技術であるデジタルカメラが認められるまでに、我々が予想していた以上の時間がかかったためである。しかしながら、いったん認められてしまうと、我々の会社はまるでロケットのように高く飛び立って行ってしまった」[3]。そういう時期であっても、堅実なCEOと、資金を提供し続ける支持的な投資家グループを抱えていたことが幸運だった。

我々の経験では、成功するCEOは共通の特質がある。それは、自らが手本を示して先導することで、共通の目的のために最善を尽くすように、才能豊かな人々からの協力を得られることである。

それは、ストックオプションやその他の財政的なインセンティブによるCEOの寛大さによるものだけではない。過去になかったことを達成しようと、働く人々を鼓舞できる能力である。

先駆者に求められるのは、パワフルであることと、才能ある人々を惹きつける魅力である。それも、革新的な製品を市場に投入したり、偉大な会社を築くといった過去にないことを達成した時の満足感のためなら、目先の財務的な利益は顧みないような人々である。

他者との共通ビジョン、それも初期の段階で会社を売却することでいち早く財政的報酬を得たいといったものではないビジョンを持つことが不可欠である。

実際のところ、創業者のみならず従業員も会社を売却したがらないことが多い。夢が実現するまでずっと昼夜なく苦労していて、ようやく素晴らしい金銭的報酬が待っていたとしてもである。これが、いち早い財政的な報酬を意図して企画されたベンチャーと、大きな成功と影響を与えることを目標としたベンチャーとの違いである。

また、CEOは企業が存続する限りCEOであるというのは、よくある誤解で

ある。会社が進歩するにつれて、異なるリーダーシップの能力が必要となる。我々の推測では、シリコンバレーにおける CEO の平均在任期間は約 4 年が最適である。創業時の CEO が優れていたならば、自社が新たな勢力とリーダーシップを必要とする段階に達したことがわかるはずである。CEO の交代はネガティブなことではない。むしろ、次の早期段階にある企業を見つけるチャンスにもなるのである。

スタートアップのチームの特性を定義する
Define the Characteristics of the Start-Up Team

スタートアップのチームは、起業家的であるだけでなく、計画を実行するために必要なリーダーシップ、マーケット、運用、技術スキル、そして達成を目指す目標に対して、共通のビジョンを持っていなければならない。

スタートアップのチームは、大企業を運営する経営チームとは大いに違う。まず、スタートアップチームの給料は安い。彼らが期待する最終的な金銭的報酬は、自らが構築するビジネスによって得られる将来的な取り分である。彼らは問題解決者であり、リスクを抱える人であり、大企業のように他のインフラに依存せずに仕事を遂行する人々である。日夜休みなく働き、ベンチャーで認められた取り分以外には、いかなる退職計画もないのが一般的である。

リーダーははっきりと定められていて、尊敬されなければならない。内部的な協議と議論は必要だが、満場一致での意思決定などほとんどない。しかし、決定事項は全員に尊重されなければならない。これこそが、リーダーシップに対する信頼が重要な理由である。会議での決定に同意しながらも、それを無視するというのは失敗へのお決まりの手順である。一方で、決定を下す前に、CEO がチームのメンバーの意見を聞き、慎重に考えを評価する必要があることも事実である。チームのメンバーは、会社が目標を達成するための最善の方法であると信じる観点からのみ意見を述べるべきで、CEO が聞きたがるようなことを言う必要はない。

「二人がつねに同意すれば、そのうちの一人は不必要」

これは、ヘンリー・フォード（Henry Ford）[※]が言ったとされる言葉である。

最高の人材を惹きつける力として、ベンチャーの場所、特にその地域の企業の種類、一般的な経済状況、地元の文化などがある。さらに、新たに雇用される会社が、社会的にどのくらい望ましいと思われているのかの度合いによる。

場所の選択については、第7章で深く考察する。

チームのメンバーが、以前に一緒に働いた経験があったり、お互いの評判をすでに知っている場合は、大変有利である。Siri社のエンジニアリング部門のVPだったアダム・シェイヤーは、彼の経歴を通して出会った、さまざまな技術分野でのトップ5人のリストを持っていた。彼は会議の時、募集の進捗状況についてよくこのように表現していた。

「この分野でのトップ5名の内3名採用しました。今月中に残りの2名を採用するつもりです」

最高の才能が集まった結果、Siriチームはすべての段階で目標と期待を上回る結果を出せたのである。

偉大な人々は、偉大なことを成し遂げようとする先見性を持った組織へ入りたいと望む。そういう人々は注目されるため、必然的にキャリアの選択肢が多い。にもかかわらず、なぜ彼らはスタートアップ参加という金銭的なリスクを負うのだろうか。その端的な答えは、スティーブ・ジョブズが言うように、彼らは"世界に風穴を開ける"ことに突き動かされているのである。彼らは、成功すれば金銭的な報酬が来ることを確信しているのである。

金銭的な報酬は不可欠であるし、会社の株式は従業員と共有されるべき資産である。従業員は、他の優れた企業の初期参加者が、多額の金銭を得た例を聞いているだろう。さらに、彼らに提供されている契約の一部にストックオプションが含まれていて、会社がIPOや売却を行った時に大きな価値を生むことを知っている。

※ヘンリー・フォード
1863～1947年。自動車会社フォード・モーターの創設者。自動車組立においてライン生産方式による大量生産技術を導入し、自動車の普及に大きく貢献した。

起業家と投資家の主要な仕事に、従業員に対する資産の所有割合を定量化することがある。人々が会社に留まる誘因に、支給金の受給権確定期間がある。離職した場合の条件も明記されているが、あくまで会社に留まって、一緒に成功して欲しいと思える人たちに対する措置である。

　シリコンバレーの場合、ベンチャー・キャピタルによって資金調達された（venture-backed）企業には、従業員向けの資産に関する広く定義された条件がある。そうした長年にわたる歴史が彼らの期待につながっているのである。多くの場合、スタートアップの形成段階でCEOは会社の株式の8～12%程度を見込めるかもしれない。技術、製品、マーケットの各VPが、2～4%を得る。チームの残りのメンバーが、10～15%を共有する可能性がある。スタートアップチームのすべてのメンバーが株式で報酬を受け、誰一人として取り残されないことが不可欠である。そして、創業者と投資家は残りの株式を共有するのである。

スタートアップのチームを募集する
Recruit the Start-Up Team

　ベンチャー・チームを採用するには、さまざまな段階に細分化された関門を使って、求める人材を段階的に決めていかなければならない。たとえば、ソフトウェア製品の会社は、プログラマーや品質保証担当に加えて、最優秀の製品設計者とともにスタートする必要がある。

　一方、製品設計者は、アプリケーションや顧客体験に関する専門家によって提供される専門的な判断なくして働くことはできない。そして、製品定義が明確になるまで、大人数のプログラマーを採用する必要はないのである。

スタートする
Getting Started

　CEOと創業者は、二つの重要な要件を満たすチーム作りから取りかかる。第一に、チームが達成しなければならないことを、正確にリストアップする。

そして、どの期間、どのスキルを使って達成するのか、時間ベースの目標を定義する。

第二に、定めた目標を達成する責任を各個人が負うような、行動計画を立てる。

これは論理的に聞こえる。

しかし、その製品が革新的なものであることが約束されているとして、経験に基づいて潜在顧客の利益を得ることができるような優秀な人々を、どうすれば見つけられるのだろうか。その答えは、創造的な人々を探す必要があるということである。製品のビジョンを理解し、競合するソリューションに対抗するか、潜在的ニーズを満たすことで市場に適合していくかを定義できるような人物である。

雇用計画は、二つに大別できる。あまりにも控えめすぎるか野心的すぎるかである。その違いは、あなたとあなたの経営陣が持つ問題点に対する捉え方による。我々は、環境が悪い場所を確保したことで、企業の進捗が妨げられたのを見たことがない（スティーブ・ジョブズがガレージから始めたのはよく知られた話である）。あるいは即座に採用を決めてしまった、または三流の人を採用してしまったとしても同じである。

私たちが見てきたのは、雇用の前提が具体的でなかったために、"やらせることがない"という状況に陥り、多額の費用を浪費するということである。まだ動作していないとか、試験さえされていない製品の可能性で顧客を欺かないためにも、一定の割合での雇用が重要である。つまり、売れる見込みに自信があるから、商品の配送担当を増やす必要が出てくるのである。なにも売るものがないのに大勢の営業マンは必要ない。

スタート時のまちがいとしては、自分が一緒にいて心地良いと感じる身内たち、良き友ではあるが、彼らのスキルの組み合わせが最高とは言えない人々を採用することである。そんな人を整理するのは困難だし、管理も難しい。

採用における初期のつまずきは、ビジネスを破綻させ得る。楽天的な起業家は、そのようなオリジナルチームの欠点は補えると考える。この考えが致命的なのである。まちがった人々はまちがった判断を呼び寄せる。スタートアップ

に、やり直しはない。

投資家から援助を得る
Get Help from Your Investors

　ベンチャーのこのような局面では、ベンチャー・キャピタリストの役割が重要である。多くのスタートアップは、最高の条件を与えてくれるベンチャー・キャピタリストからの投資を求めている。それは、最も少ない権利で最も多く投資してくれるところである。

　これが基本的な誤りである。最善のベンチャー・キャピタリストとは、資金提供だけでなく優れた人材採用者でもある。多くの場合、過去に一緒に働いたことのある、一流の起業家との安定した関係を持っている。彼らは偉大なアドバイザーである。そして、チームがベンチャーの複雑な世界を無事に進んでいけるように導いてくれる。彼らはベンチャー業界と深くつながっていて、顧客とパートナーの関係を結ぶことができる。彼らは優れた役員として会社を正しい方向へ導くことができるし、CEOや経営チームを変える時に正しい選択を手助けできる優れた管理者でもある。

　ビノッド・コースラがベンチャーへの投資を選択した時には、どんな分野であれトップの才能を採用するために積極的に参加した。彼の成功の評判を高めたのは、強力に人々を集めたことによる。

　ヘンリー・クレッセルと彼のパートナーの役割も、企業の成長を支援するうえで同様の価値を提供する。資金の投資家に留まらず、彼らはここで取り上げるすべての領域で欠くことができない存在なのである。

国際的に募集をかける
Recruit Internationally

　多くのテクノロジー企業は、自社の拡大を国内に留めることはない。ましてや、画期的なブレークスルーを果たしたベンチャーであればなおさらである。

　では、国際的な進出はいつ始めれば良いのだろうか。

　一般的なルールとしては、明確な製品と市場が定義できないうちは先行しな

いことである。しかしながら、国際的な関係を作るには時間がかかるし、予備的な関係を築いておくことに早すぎることはない。そのような関係があれば、収益が見込めるようになった時点で、その国で人材を確保するための手助けとなるだろう。

　いろいろな地域で製品を売る場合に、何が必要かを理解することは不可欠である。具体的には、現地で顧客をサポートするために必要とされる人材の量である。採用チームは、現地企業を買収するのか、最初から組織を構築したほうがいいのかを判断しなければならない。

　カルフォルニアからチームが飛んで行くというのは、決して正しいやり方ではない。通信システム向けに新しいマルチコアプロセッサを開発した RMI 社（Raza Microelectronics）の例を見てみよう。

　そのデバイスは、アメリカのアルカテル・ルーセント社（Alcatel-Lucent）、シスコシステムズ社（Cisco）やジュニパーネットワークス社（Juniper）、中国のファーウェイ社（Huawei）、ZTE 社といった企業向けのものであった。その中でも、中国の顧客が彼らのシステムにおいて RMI 社の製品を採用した場合、多くの実践的なサポートが必要であることはわかっていた。そこで、創業者であるアティック・ラザ（Atiq Raza）は、同社における最高レベルの通信設備の専門家からなる、中国拠点のチームを立ち上げた。

　このチームは、中国の顧客のエンジニアリングチームと、製品納入の早い段階から協業するとともに、中国で実りある収益を上げるための責任を担っていた。この成功は、彼らの幅広い協力関係によって成し遂げられた。RMI 社の運用技術者は、現場で常にサポート可能な状態でなければならなかったのである。

優れた財務責任者を採用する
Recruit a Great Financial Officer

　技術畑の人々は特に、財務責任者は単なる帳簿係に過ぎないという奇妙な意見を持っている。なぜ最高の人を選ぶのに悩むのだろうか。そこに何か意味があるのだろうか。

89

経験豊富なビジネスマネージャーは、最高の財務能力の価値を知っている。初期の新組織は、財務規律の尊重とその担当者への敬意が必要である。最終的にCEOは語調を改め、財務管理を適切に行うことの重要性を、CEOからのメッセージとして伝えることになるだろう。

　投資家もまた気にかけるだろう。賢明な投資家は、組織が適切な財務管理を行っているかどうかを尋ねるだろう。「どのように入金があり、どのように使われているか知っていますか？　すべての部署が予算に従っていますか？万一、是正措置が必要な場合には、速やかに必要に応じた変更を実施していますか？」と。

　その答えはすべて数字の中にあり、誰かがその数字と昼夜を問わずつきあっていかなければならない。それこそが、CFOとそのチームの役目である。そして、優れた人だけがやりこなせるのである。

適切な人材を適時募集する

Recruit the Right People at the Right Time

　早期採用にあまりにも多くの費用をかけてしまうことと、差し迫った事態に対処できる人材を欠いていることは、明らかに相反している。参加したいと望むユニークな経験を持つ才能ある人たちを、予想よりも早く採用できたなら、それは素晴らしいことにまちがいない。例えばSiriのように、ベンチャーを製品コンセプトから始めた場合、製品が明確になってベータ版のテストが終わるまで、製品サポートや販売部門の周辺にスタッフを追加する必要はない。しかし、いったん製品が仕上がったあかつきには、マーケティング、販売、顧客サポートのために、多くの有能な人材を募集する必要が出てくる。

　凡庸な管理者は凡庸な人しか採用できないというのは、的を射た格言である。それゆえ、最高級の人々を使える部門から機能をスタートさせる必要がある。

　ここで声高に言うだけの価値がある事柄がある。若い企業が厳しい市場で未来を築こうとするなら、最も有能で創造的なチームだけが勝つ可能性があるということである。追従するだけの人材など、役に立たない。

　したがって、高い能力を持つ人々に注意を向けさせるという作業は、起業家

チームの最優先事項である。そのためには、ビジネスのビジョンと見通しを明確にして、世界を変えることがなぜ目標なのかを説明し、才能のある人々が新たに参加した場合にどのような任務になるのかを示す必要がある。

給与にも競争力がなければならないが、潜在的利益配分（potential equity payoff）付きのストックオプションの魅力は、重要な志望の動機付けになるはずである。

結局のところ、大抵の創造的な人々は、自らの才能を最大限に活かせる機会を探している。いかに才能があっても、大企業の従業員では、大規模な機械の小さな歯車に過ぎないのである。

つまり、最高の人材を採用することは、人事部任せにはできない。それはトップ・マネージメントの仕事である。

最後にもう一つ。ずっと起業家を続けているグレッグ・オルセン（Greg Olsen）はこう言っている。

「あなたがあまりにも懸命に働かなければならなかったり、給与規則を曲げたり、特別ボーナスを出したり、はたまた採用の可能性のある新人の説得に多くの時間を費やしているのであれば、それは長期的に見て採用がうまくいっていないということである」[4]

スタートアップ時に有用な人材というのは、財政的報酬よりもチャンスに対する情熱が強いものである。

チームと企業倫理を確立する
Develop the Team and the Culture of Corporate Integrity

チーム内での完全な整合性や協力などあり得ない。つねに多くの断層線（fault lines）が待ち構えている。大きな緊張がつねに起き、その緊張の中でチームはバラバラになったり、融合したりする。それをどうなくしていくかによって、会社の未来が決する。

顧客や製品の提供にかかわっている人たちは、本来楽天的である。そうでなければスタートアップには参画しなかっただろう。彼らの意見は現実的なものでなければならず、それは会社の他の人や投資家が聞きたがるようなことではないかもしれない。人々は、良いニュースは好む一方で、手遅れになるまで悪い材料を留めておく傾向がある。法人企業の規範の重要な要素は、会社を破綻させる可能性のある問題をどのように認識して、それに対峙していくかを知ることである。しかし、規範はどんな新しい組織でも、養成するのに最も困難な要素である。

　ニュースター社の創業初期の話である。自社ソフトウェアによる応答時間を、15秒以内にしなければいけないことになった。業界が求めているこの要件を満たさなければ契約は破棄され、違約金が課せられてしまうのである。

　元々のテストタイムは60秒だったのだが、応答遅延の原因特定が問題となった。今回の要件に最適な特殊機能を備えたオブジェクト・リレーショナル・データベース※を、小さな会社から買い入れたのだが、それが原因なのか。はたまた、関連するデータ処理の遅延なのか。

　さまざまなチームメンバーに責任を負わせるのは簡単だが、ジェフ・ガネックはそれを潔しとしなかった。その代わりに、科学的分析調査を実施する専門のコンサルタントを雇い、要件を満たすためにチームへの協力を要請した。また、プロバイダとしての未来は同一線上にあるという認識から、データベース提供会社の助けも借りた。この手法により、ジェフ・ガネックは責任のなすりつけではなく、チームワークを推進できたのである。それと同時に、その経験から、社内のスキルは長期的な課題解決にまで達していないと知った。後日、プレッシャーがなくなったところで、必要となる技量を獲得するために何人かの従業員の入れ替えを行った。

　会社のビジョンやチームの忠誠心は、規範の欠如ですぐにでも変質してしま

※オブジェクト・リレーショナル・データベース
リレーショナル・データベース管理システム（RDBMS）に、オブジェクト指向の機能を統合したもの。データサーバー側で格納・管理するデータの種類を柔軟に拡大できる。オブジェクト・リレーショナル・データベース管理システム（ORDBMS）ともいう。

第4章　チーム
The Team

う。そのような失策は外部から圧力がかかった時に現れる。そして、結果的に訪れるリーダーシップへの信頼の欠如が、即座にベンチャー崩壊につながる可能性をはらんでいる。従業員の士気は不可欠である。物事がうまく行かない時、人々は彼らに求められる行動や犠牲がまちがっていないことを感じたいのである。

　規範は通常、道徳的価値観の規約への堅実な遵守と定義されるが、その規約が大きくはずれていることがある。ビジネス環境において、リーダーが信頼を喚起する能力について考えてみよう。リーダーも激務を共有し、問題の難しさを理解し、そしてチームメンバー全員が良い時も悪い時も同じ船に乗っていると感じられるよう、正直であることである。人々に難しい行動を要求するのであれば、リーダーは責任を持って、満足のいく結果を得るために誰よりも多くの犠牲を払う心構えがあることを示さなければならない。

　起こりがちな問題は、会社の現金不足である。我々が目にしたのは、現金不足状態で操業していたスタートアップが、新たな資金調達や売り上げの見込みが立たなくなり、後退を余儀なくされたことである。それでも、彼らがリーダーを信用して、チームの努力によって良い結果が出ると信じていたので、一人のメンバーも去らなかった。

　その一方で我々は、優秀な人材のほとんどが去ってしまった企業も見てきた。リーダーの不誠実さや現実逃避、あるいは問題解決はチームの努力で成し遂げるもので、トップから指示されるものではないと納得させられなかったためであり、メンバーがリーダーへの尊敬の念を失ってしまったのである。

企業成長の各段階でチームを創る
Develop the Team over Stages of the Company's Life

　　ベンチャーは、成功の各段階に進むにつれて、絶えず市場の再評価を行い、新しくて異なるチーム技術の習得が求められる "ダイナミックな組織" である。幼虫と蝶は異なる資源を必要とするのである。

93

新しい組織は、初期の目標に注力している状態と、新しい現実に直面して方向性を変える状態との間で、微妙なバランスを維持しなければならない。我々の経験では、頻繁に起こる失敗の要因は、そのバランスを維持できないことにある。スタートアップは、軽々しく方向転換できないものの、周囲の状況を無視することもできない。変化する環境の中で、自分の進路をまちがえずに導ける能力が成功を決定付けるのである。正確なロードマップなどない。方向だけが示される。真北の感覚が維持できている限り、物事の変化に合わせてロードマップを修正していかなければならないのである。

　従業員の才能が適切に発揮できているか、つねに確認していなければならない。性に合わないこともあれば、責任が増すにつれて期待に応えられなくなる人もいる。あるいは、日々の仕事のプレッシャーが対処できないくらい強くなっているかもしれない。事業が急速に拡大していくのは幸せな状況ではあるが、各部門長が急成長する組織を管理できない可能性もある。したがって、成功する起業家の重要な要素とは、いつ変化が必要であるかを知り、その変化を起こさせることである。それはつねに痛みを伴う。というのは、初期の段階ではスターで、強い忠誠心を持っていたとしても、後の段階では能力不足とわかってくることもあるからである。

　起業家チームは、企業が存続する限り、さまざまなフェーズでベンチャーを導くだろう。構想からの初期チーム作り、製品開発、収益の確保、利益性、大企業への拡大…。これらのフェーズは、それぞれ"種まきラウンドまたはエンジェル・ラウンド"、"Aラウンド"、"Bラウンド"…、と呼ばれる。会社は数人の創設者から始まって、いつの間にか20人の従業員、それから100人、さらに1,000人というように拡大していく。このような観点から考えれば、会社の進化に合わせてチームの能力も変える必要があることは容易に理解できるだろう。企業を創設し、その規模を10人から20人に拡大し、製品を開発して市場へと投入したCEOとそのチームは、1,000人を雇用し、市場を国際的に拡大する段階まで会社を成長させるCEOやチームでないかもしれない。

　我々が出会った最高の起業家たちは、この事実を認識している。

　我々がSRIでベンチャー支援を開始した頃、CEOやチームメンバーと彼ら

第4章 チーム
The Team

の才能についてよく話し合うことで、彼らが最も効果的に働ける場を探し出していた。

たとえば、"一人はみんなのために、みんなは一人のために"という精神でスタートアップの初期段階を楽しみながら、ビジョンを現実にすべく突き進んでいくCEOとそのチームがある。その一方で、彼らには何千人もの人々を雇い何百万ドルもの収入を得るような企業に育てるという十分な能力や知識がないことも認識している。

新しいスキルを持つ新しいチームメンバーが入り、他のチームメンバーが去って行く時、去る者もまた成功者なのである。通常、離職する人にもストックオプションが付与された株式報酬がある。

去ることは恥ずかしいことではなく、むしろ名誉なことである。旅立っていくチームのメンバーが、自分の才能を必要とする他のベンチャーにすぐに採用されることも多い。

この進化のプロセスを効果的にするための不可欠な要素は、社内の上層部も含む従業員が定期的な見直し（おそらく6か月ごと）を行い、そこで両者が目標とその達成度に関して議論するという内部評価プロセスにある。面と向かっての議論は重要である。我々は常々、若い会社に対して従業員の評価を専門とするコンサルタントを利用して、そのようなプログラムを設定することを勧めてきた。

監督者の訓練なしでは、個人の進捗状況を追跡したり、有用なフィードバックを得るための人事考課のプロセスが、有効に機能しないことを我々は発見したのである。

「あなたの仕事ぶりは良くない。改善する必要がある。取り組むべきことはこれである」。そんな悪いニュースを、誰も相手に伝えたくない。そういう現実が問題を生むのである。

我々は幸運にも、RCA社で人事考課に関する訓練を受けることができた。この訓練は、評価面談を成功させるのに重要である。批判的な考課がないと、従業員の業績について、疑問が残ったり誤解したりしている可能性が出てくる。その結果、欠陥を解決できなくなってしまうのである。

小規模商店向けのクレジットカード決済業界を変革したスタートアップのノバ社のケースを見てみよう。それは素晴らしいサクセスストーリーではあるが、時間の経過とともに創業チームに多くの変更を加えなければならなかった。会社が本格操業に入った頃にオリジナルメンバー11人のうち残っていたのはたった一人、後にCEOへ昇格したCOO（最高執行責任者）のエド・グルゼッドジンスキーだけであった。

　なぜか。

　最初に退社したのはCEOで、個人的な健康上の理由からだった。しかしながら、エド・グルゼッドジンスキーが、素晴らしい戦略家であり管理者であったのが幸運であった。彼は、投資期間からその後のUSバンコープ社との合併にいたるまで、ずっと会社を管理してきた。ノバ社に入るまでの経験は限られていたが、エド・グルゼッドジンスキーは仕事をいち早く学んだ。

　会社を去ったもう一人は、ソフトウェア開発の責任者だった。彼は基本的なシステムを構築するうえで素晴らしい仕事をしたが、10万店もの小規模店舗の管理には向いていなかった。さらに、営業とマーケティング、顧客サービスの責任者は、ノバ社のサービスを展開する流通パートナーである何百もの地方銀行との取り引きを行う、新たなマーケティング戦略を管理できなかった。

　しかし、最も厳しかったのはCFOの仕事だった。事業特性からくる財務的な複雑さと、その間になされた60件以上もの企業買収があったからである。その仕事に適した人物を見つけるために、雇用してから不適格と判断するのは、試行錯誤にしか過ぎない。そこで、最終的には、会社の収益を10億ドルレベルまで引き上げる能力がある人をCFOとして採用したのである。

　適切なチームを適切な段階で構築することが、容易ではないことは明らかである。しかし、新しいベンチャーを成功させたいと思うなら、チームがどのように活動しているか、レーザーを照射するように注目し、ベンチャーを次の成功へと導く必要がある。

第 **5** 章

優れた事業計画を構成する 7 要素

The Seven Ingredients in a Great Business Plan

あなたは何を始めようとしているのか。プロジェクトか、企業か。

　ベンチャーを始める前に必ず答えを出しておかなければならない問題である。プロジェクトとは、特定の目的を持つ企業活動であり、市場や製品の限定的な理解に立脚したものである。顧客と価値提案をよく理解しないまま、製品と市場の適合を求めて、度重なる試行錯誤（方向転換）を繰り返す起業家をしばしば見かける。そういうチームのメンバーは、彼らの努力が、金銭的に有利な条件での早期事業売却と、買収企業における就業機会を生んでくれることを望むものである。

　本書で説明するベンチャー企業のタイプは、かなり異なっている。

　創造性はベンチャーを成功させるための必須要素である。しかし、実際に現実的な財務計画を提示できないのであれば、つねにリスクを伴う。そのため、ビジネスではなくプロジェクトを計画していることになる。そして、そのプロジェクトが、予期せぬできごとで成功に導かれることを祈るのみである。

　そうではなくて、あなたの意図が会社をスタートさせることにあるなら、重要な質問に対する答えを決めておかなければならない。

　あなたが持つビジネスのアイデアは、価値ある企業を創るほどのものなのか、と。

　本書で議論する重要な問題に着目することで、その答えは得られるだろう。我々は、事業計画書を書く手順を教えているのではない。事業計画によって新しい会社の本質を定義するとともに、成功する理由を明確にしていく。

　これらの質問を検討することで、あなたが提案している新規事業が直面するであろう問題を明確化するとともに、その問題に対して信頼できる方法で的確に答えていく。起業家は、リスクに関する情報だけで行動しがちである。しかし、最高の起業家はリスク軽減策を取る。それは、成功の確率を最大限にするために、綿密に分析して行動することである。

　シグナル・レイク・ベンチャーズ社（Signal Lake Ventures）の社長であったバート・スタックは、「リスクは単に倍増するだけでなく、ほとんど累乗で増えていく」[1] と言っている。チーム、市場、技術そして企業連合などのうち、リスクがどれか一つ以上ある会社への投資は危険きわまりない。もし技術的な

98

第5章 優れた事業計画を構成する7要素
The Seven Ingredients in a Great Business Plan

リスクがあるなら、市場とチームの安定が確実になるよう取り組んで欲しい。市場が不確かなら、そのチームが確実に技術を提供できるように取り組んで欲しい。

　慎重な分析とともにこれらの問題を検討できたなら、ビジネスを開始するための詳細な行動計画を作成できるはずである。財政的な自立につながると予想できる事業の節目（マイルストーン）のリストを作成して、それぞれの節目に到達するために必要な投資を決めるのである。もちろん、そのような計画は不確かである。しかし、チームがそれを策定できないのであれば、提案されたベンチャーは企業ではなく、プロジェクトとして扱われるべきである。

　プロジェクトであったとしても、外部からの投資を求めるのならば目標と目的を明確にする必要がある。できるだけ現実的な方法で未来を予測することが必須だ。プロジェクトへの投資は非常に投機的である。そのため、創業者自ら投資するか、個人的な評価をもとに友人や家族から資金を募ることが多い。本書で注目しているような会社に対しては、熱意を持った投資家が必要である（どの投資家へアプローチするか、そしてどうすれば良いのかは、第6章のテーマになる）。

　我々は、事業計画書を作るという主題で、多くの本が書かれてきたことはよく知っている。しかし、それらの本の着目点は広すぎて、本書の目的とは合致しない。求めるのは、"世界を変革する企業を築くこと"である。

　将来性のある優れた会社の事業計画には、7つの構成要素がある。

1. 会社の主要なテーマを短い文章で明示した、明確でわかりやすい企業理念（mission statement）。
2. 大きく成長する市場に対応するための、強力なビジネスビジョン、ビジネスモデル、市場参入戦略。そこには、ベンチャーが活動する事業生態系（エコシステム）を記載する。
3. 技術またはビジネスモデルによって示される、高い価値と競合と明確に差別化された製品やサービスのソリューション。
4. 市場に対するソリューションのメリットの定量的な解説。

99

5. 競合に対する深い理解と分析。

6. 重要な事業分岐点におけるリスクと時期を予測し、リスク軽減の方法を述べた財務計画。

7. 市場と投資家にとって値打ちのある価値提案書。これが事業計画の基礎であり、成功を期待できる理由を表している。

　7番目の構成要素である価値提案書は、事業計画書とは別に議論されることが多い。なぜならそれが重要であるとともにつねに最初に創られるからである。価値提案書は投資家へのプレゼンテーションの基礎でもある。そのため"ベンチャー・デッキ（venture deck）"と呼ばれる。

構成要素1：企業理念

Ingredient 1 : The Mission Statement

　企業理念の代表例に、インテル社の1968年事業計画がある。大変短いものだが、偉大な会社への発端となった。

　ちなみに、インテル（Intel）という社名は、INTegrated ELectronics（集積されたエレクトロニクス）から取られたものであるが、同社の計画は、重要なポイントを含んだ次の文章で表現されていた。

　　　当社は、電子システム製造業者のニーズを満たすために、集積化された電子構造に関する、研究、開発、製造に従事する。

　　　そこには、ハイブリッド（複合型）およびモノリシック（一体型）集積構造を利用した、薄膜、厚膜、半導体デバイス（セミコンダクター・デバイス）、およびその他の固体素子（ソリッドステート・デバイス）を含む。

　　　実験室と生産の両方のレベルで、さまざまなプロセスが確立されることになる。そこには、結晶成長、薄片化、鏡面仕上げ、研磨、固相拡散、露光マスク、エッチング技術等を含む。

第 5 章　優れた事業計画を構成する 7 要素
The Seven Ingredients in a Great Business Plan

　　製品としては、ダイオード、トランジスタ、電界効果素子、光感度デ
バイス、集積回路と大規模集積回路（LSI：Large Scale Integration）
と一般に呼ばれているコンポーネントシステムが含まれる[2]。

　創業者のロバート・ノイス（Robert Noyce）とゴードン・ムーア（Gordon
Moore）はそれぞれ 25 万ドルを出資し、他の投資家から 250 万ドルの資金を
調達した。その後のことはご存知の通りである。

　投資家は、この端的な事業計画書のどこに興味を募らせたのだろうか。第一
の、そして最も重要な理由は二人の創業者の評判である。ロバート・ノイスは
新会社の基礎となった集積回路の発明者の一人であったし、ロバート・ノイス
とゴードン・ムーアの両氏とも、半導体ビジネスで成功したフェアチャイルド
セミコンダクター社（Fairchild Semiconductor）への投資という素晴らしい
経歴を持っていた。それで投資家は、創業者としての能力と、基礎をなす技術
に対する彼らの知識を信頼できたのである。

　第二の理由が、新規事業の前提が明確だったことである。複数の機能を一つ
のチップに統合した集積回路という、大いに期待できる最先端技術に焦点を当
てていた。集積回路によってもたらされるチャンスは魅力的であった。この
チップは、基板へ複数個の部品をハンダ付けするという既存の手法を淘汰する
ものだったのだ。技術は最新で、創業者が専門家として熟知されていたことも
あって、紹介文書に詳細な説明は必要なかった。

　実際、インテル社の重要かつ成功した最初の製品は、メモリチップであって、
当時の集積回路技術の最良の応用であった。

　ベンチャーの使命を明確に述べることはきわめて重大であるが、どの程度の
特異性が求められるのか。あなたのベンチャーが確立された業界で競争して行
くのか、あるいはインテル社が成し遂げたように新しいマーケットを創り上げ
るのかによって大きな差が生じる。この点を明らかにするために、半導体業界
を振り返ってみよう。

　インテル社が創業した 1968 年というのは、集積回路の初期と合致する。価
値提案書には、多くのコンポーネントを一つのチップに統合することで、電子

101

機器業界にとって明らかな価値がもたらされるだろうということが、明記はされていないものの暗黙のうちに示されている。それまでの業界では、基盤上に部品をハンダ付けするという面倒な手順に頼っていた。この計画は、業界の専門家向けに提示されたものであると考えられるので、プロセスの詳細についての深い議論は必要なかった。

すべてのベンチャーがインテル社の価値提案のような簡潔さでうまくいくわけではないだろうが、そのシンプルさと明快さは際立っている。

2003年へと時代を早送りしてみよう。ウォーバーグ・ピンカス社が別の半導体のスタートアップへ投資した時、RMI社は起業家および経営幹部と、経験豊かなアティック・ラザに率いられていた。この頃までに、多くの分野に応用されていた集積回路は国際的な産業になっていて、年間収益が2,000億ドル以上に上っていた。RMI社は、データネットワーク業界向けの高性能マルチコア・マイクロプロセッサ分野のリーダーとなっていたが、約1億ドルの収入に到達した後、最終的にはブロードコム社（Broadcom）の一部となった。その先駆的製品は継続して広く売れた。RMI社は、成熟した市場で大いに成功したスタートアップとして始まったが、最初の事業計画は明確に価値提案書を反映していなければならなかった。ここに最初の事業計画による企業理念がある。

　　データネットワーク業界は、カスタム設計のチップから、チップに組み込まれた高レベルのソフトウェアによってプログラムできる汎用チップに急速に移行しています。RMIは、それらを組み込んだシステム性能を向上させるだけでなく、コスト削減を約束する新しいチップを提供する予定です。それは、通信できる単一チップ上に複数のマイクロプロセッサを組み合わせ、独自のアーキテクチャとソフトウェアでデータをまとめて処理することで実現します。実質的に、これらのチップには、ネットワークにおけるデータパケットのフロー処理能力を大幅に向上させるために、データの並列処理を協調して行うことができる新しい処理アーキテクチャを組み込みます。市場にはこれに相当する製品はありま

第 5 章 優れた事業計画を構成する 7 要素
The Seven Ingredients in a Great Business Plan

せん[3]。

　この企業理念の目的は、顧客のために作られる価値に基づいて、新しい会社が存在する理由を説明することである。詳細にこだわって理念を複雑にしたり、読ませる対象がチップやデータネットワークの専門家だと想定していないことに、注意を払って欲しい。それでも、価値提案が明確に述べられている。専門家の評価に必要な詳細は、その会社の計画が具体化されるにつれて出てくるであろう。

構成要素 2：ビジョン、ビジネスモデル、市場への参入戦略
Ingredient 2 : The Vision, Business Model, and Go-to-Market Strategy

　事業計画の第二の構成要素はさらに三つの要素から成り立っている。ビジネスビジョン、ビジネスモデル、そしてマーケティング戦略である。順番に見て行いこう。

ビジネスビジョン
The Business Vision

　ビジョンは、しばしば橋頭堡（上陸拠点のこと）市場とも呼ばれる、最初に攻撃を加える市場の特定から始まる。しかし、魅力的なビジネスビジョンというのは、最初の優れた製品をもとに立てられた新会社の計画を超えるものである。ビジョンとは、新会社がどのように主要市場の地位を築き、維持していくかについての長期展望である。

　よくあるまちがいというのは、あなたが熱望する長期的な市場地位ではなく、製品やサービスの優秀さを強調してしまうことである。製品中心の事業計画は、提案された製品と市場で入手可能な同等品との間の詳細な比較に偏りがちである。しかしそれは、野心的な戦略計画を実行することで、支配的な市場地位を確立するために達成しようという、あなたのビジョンではない。

　ここで、RMI 社の例に再び目を向けてみよう。同社は、革新的なチップアー

103

キテクチャと効果的なソフトウェアで、市場参入した。同社のチップは、良好な条件下で通信ネットワークのデータ容量を10倍増加させることが期待されていた。RMI社は巨大市場へ向かっていったのである。RMI社のビジネスビジョンには次のように明記されている。「アイディーシー社（IDC）とデローロ社（Dell'Oro）（認知されている2社の市場調査会社）によると、ネットワーク機器ベンダーは、機器のチップに年間約65億ドルを費やしています」[4]

　創業者のアティック・ラザのビジョンは、RMI社の技術的リーダーシップに基礎を置いていた。独自の技術および設計チームによって、RMI社は主要な市場地位を占める立場にあったのである。

　　　RMI社の経験豊かな技術者チームは、強力な知的財産ライブラリを
　　　構築し、迅速かつ正確な製品開発を促進する独自のシリコン設計手法を
　　　採用しています。そのチームには、顧客ニーズに合わせた製品設計を容
　　　易に行える、ネットワークシステム管理の専門家も含まれています。

　実際、アティック・ラザと彼のチームは、世界中の最高の半導体会社の何社かで革新的チップを開発したという印象的な実績を持っていた。彼らには、新しいアーキテクチャに対する情熱があった。ネットワークデータ処理の世界を変え、より高速で安価なデータ通信を通じてインターネットのパフォーマンスを大幅に向上できると信じていた。また同社は、顧客が自社製品を迅速に構築することができる、標準化されたネットワークシステム設計でチップ製品をサポートすることによって、顧客を獲得していった。事実、同社の歴史が示すように、世界最大級のネットワーク機器メーカー数社が製造する機器に、自社製品とソリューションが組み込まれることで、その目的を達成している。RMI社のチームメンバーは先駆者であった。

ビジネスモデル
The Business Model

　ビジョンを創った後の問題は、"生き残れるビジネス"へ置き換えることで

104

ある。"生き残れる"とは、製品の研究開発を支え、目標とする市場機会を利用して成長するのに十分な収益を上げているビジネスを意味している。その定義の第一歩は、どのようなビジネスを想定しているのかを決めることである。

簡単な例では、ソフトウェアの開発と販売、製品の製造とマーケティング、あるいは流通、コンサルティング、データ管理などのサービスの提供などがある。これらのモデルは、いずれも異なる種類のリソースと投資を必要とする。

ソフトウェアの会社を例にすると、受け入れられつつあるビジネスモデルは、顧客へのソフトウェアのライセンス供与ではなく、一定期間にわたってサービスベースでその機能を提供するというものである。その間、ソフトウェア・ベンダーは顧客の要求に対して、アップグレードと提供を行う。このようなビジネスモデルは通常、SaaS（Software as a Service）と呼ばれる。このモデルは、収益を前もって受け取るのではなく、一定期間にわたり受け取るため、企業のキャッシュフローを低下させる。一方で、収益の流れを予測できるようになる。

SaaSでは、ソフトウェア製品会社がサービス会社へと転換することになる。第3章で議論したノバ社の例をもう一度見てみよう。

ノバ社は、小規模店舗へクレジットカード処理サービスを提供する企業であった。創業者と投資家は、ノバ社がサービス提供のために、自前でITインフラを構築するか、契約施設を利用するかを決定しなければならなかった。彼らは、データセンターとITインフラを作ることに決めた。それによって、ノバ社は迅速かつ有益に成長できた。さらなる投資が必要となったが、結果的には正しい決定であった。しかし、現在の環境下では、データセンターを作ることはもはや正しい選択ではなくなってきている。というのは、アマゾンドットコム社などが提供する、クラウド・コンピューティングの処理機能を利用できるようになったからである。

市場への参入戦略
The Go-to-Market Strategy

よく聞く伝承とは違って、良いネズミ捕りを作っても、世界中から顧客が殺到してくることはない[※]。

顧客はあなたが誰であるかはまだ知らないし、どんなに素晴らしいメッセージを主張しても、疑いの目で見られる。あなたは説得力のある販売メッセージによって顧客を、それもちゃんと支払ってくれる顧客を見つけて、あなたを信頼させなければならないのである。

大半のベンチャーが失敗する理由は、大きな市場や素晴らしい製品を持っていないということではなく、むしろ有益に、そして事業を支える規模で自分の製品を売れないからである。実際のところ、成功した若い企業が売上高の40%から50%を販売とマーケティングに、さらに20%を製品開発に費やすというのは、決して珍しいことではない。明らかに、企業の販売方法を改善することが最優先事項である。

市場へのチャネルを開拓することは、製品開発に匹敵する難問である。一方のみでは、失敗につながる。新しい企業が手がける製品が、高い顧客ニーズを有しており、かつ製品供給者として長年にわたって生き残ることが求められる市場、たとえば通信機器などの産業へ参入するには苦労を要する。

では、機器ベンダーにスタートアップを信頼させるものは何なのだろうか。

対処すべき顧客の苦痛、つまり解決を望む問題が、スタートアップから購入するというリスクを正当化するほど非常に大きくなければならない。さらに、顧客に対する誠実さとサポートの質の良さを確信させなければならない。

これは、そのような市場に参入して成功することが、不可能であるということではない。対象とする市場の顧客ニーズに合わせた正しい戦略を立てる必要があるということである。したがって、特定の業界の顧客をターゲットにしているならば、顧客が製品を購入する方法と一致する市場参入の計画を立てなければならない。

たとえば、電気通信サービス業界では、ソフトウェア・ソリューションは、ソフトウェア・メーカーによる直接販売ではなく、専門的なサービスを提供してソフトウェアのインストールを行うシステム・インテグレーターを通じて購

※この一文は、Build a better mousetrap and the world will beat a path to your door（良いネズミ捕りを作れば、世界中が殺到してくる：良い製品を作れば、おのずから売れる）をもじったもの。

第 5 章　優れた事業計画を構成する 7 要素
The Seven Ingredients in a Great Business Plan

入される。ということは、新会社は、IBM やアクセンチュア社（Accenture）
など既存の信頼できるシステム・インテグレーターとの流通関係を確立しなけ
ればならない。それによって市場に到達して、製品を試してもらう基礎を作る
のである。

構成要素 3：差別化された製品やサービス・ソリューション
Ingredient 3：The Differentiated Product or Service Solution

　新しいベンチャーを始める時の大きなリスクの一つは、既存や未知の競合他
社と、十分に差別化されないことである。では、どうすればソリューションを
差別化できるか、その方法を見ていこう。

差別化ではないもの
What Differentiation Is Not

　新しい起業家は、差別化に関して誤った信念を抱く傾向がある。それが最初
であること、特許を持っていること、高名なアドバイザーや役員を持っている
こと、そしてよく知られた投資家を持っていることと考える。

　多くの場合、最初であるということは、ビジネスコンセプトが成功するかど
うかの実験に過ぎない。起こりそうな結果は二つある。一つは、あなたは失敗
して、他の人があなたの誤りから学ぶという結果である。もう一つは、あなた
の成功を見た他者が、それをコピーしてあなたのベンチャーを圧倒していくと
いうものである。

　特許に関しては、開示特許や出願済み特許があることは良いことである。外
部からの特許侵害訴訟に対する防御になる。しかし、通常、そういった特許を
持っているだけでは、他社の市場参入への防御としては、それほど役に立たな
い。起業家は、特許や出願済み特許がスタートアップ自体を保護するものであ
り、競争からの防御になると信じがちである。しかし、そうではない。数百万
ドル、場合によっては数千万ドルの費用と、長年にわたる労力を、特許保護と
訴訟に費やさない限りは、そうはならないのである。

107

残念ながら、現実に特許制度には多くの点でほころびがある。その一つが、独創性という怪しげな主張に基づいて特許が付与されることである。その種の特許は、異議申し立てを受けた場合、破棄されたり、請求項の制限を受ける可能性がある。特許権で競合を訴えることは、スタートアップにとって決して良いことではない。まず、最も重要な問題は、技術チームの集中の妨げになることだ。さらに、その特許が法的な調査を受けている間、訴訟を起こそうとするスタートアップが顧客とお金を失うこともあり得る。付け加えると、特許侵害が大企業であった場合、相手はそのような戦いのための多くの資源があるだろう。一方、挑戦する方のスタートアップは、お金との戦いになる。最終的に特許権が守られたとしても、今度は投資家を得るのが難しくなる。投資家は、彼らの資金が法的係争に使われることを望んではいないのだから。

　レベルワン・コミュニケーションズ社の実例がある。同社は、イーサネット通信用チップの特徴を網羅した複数の重要な特許を所有している。同社は、台湾とアメリカでの権利侵害が特定できたため、法的な措置を開始した。係争は数年に及び、レベルワン・コミュニケーションズ社側が彼らの特許を侵害しているとの逆提訴を誘発することになった。結果としては、コストのかかる膠着状態であり、利したのは関係した弁護士だけであった。

　しかしながら、特許は強力な防衛兵器である。相手からの挑戦を受けた時に、特許を盾にできることは価値がある。だからこそ、重要な発明をした時は特許出願をするべきである。第6章では、高名なアドバイザーや役員、著名な投資家からの支援による差別化に関する、誤った考えについて議論する。

差別化されたもの

What Differentiation Is

　優れた企業を作るには、巨大マーケットのニーズや問題点を特定し、その市場に到達できる明快なビジネスビジョンを作ること。そして、差別化された、あるいは破壊的な技術かビジネス製品かサービス・ソリューションを定めることである。ここでいう "破壊的" というのは、そのソリューションが既存の市場を混乱に陥れる可能性があることを意味している。たとえばSiriは、ユーザー

第5章　優れた事業計画を構成する7要素
The Seven Ingredients in a Great Business Plan

が自然な音声言語でスマートフォンに作業させるという、破壊的な技術ソリューションを提供した。そこで使われた、AI分野の自然言語理解がブレークスルーとなった。多くの企業ですでに利用可能だった単語単位の認識だけでなく、要求されている意図を認識できた。レストランの予約を取るといった要求の意味をSiriが理解して、それに答える方法を考え出し、答えを提供するというものであった。研究所レベルでは他のアプローチもあったが、何千万もの人々の手に渡る消費者向け商品に、AIが組み込まれた最初の例になった。

　革新的なビジネスモデルを採用することで、"破壊的"な環境を作り出せる。たとえば、SaaSという新しいビジネスモデルは、ソフトウェア産業全体を破壊し、過去のプレーヤーに脅威を与えた。このビジネスモデルで、数十億ドル規模の企業に成長したのがセールスフォースドットコム社（Salesforce.com）である。

　別の事例に、クラウド・サービスがある。アマゾンドットコム社などの大規模ベンダーが提供するコンピュータインフラを利用するというサービスだが、この場合はデータ・ストレージとネットワーク業界を混乱させるビジネスモデルであった。このようなサービスの登場で、最小限のIT資本投資でソフトウェア・ソリューションを実現できるようになったため、新しいベンチャーの機会を増やしたのである。

　ここでの論点は、スタートアップが期待できる競争上の優位性は、競争力のある製品やサービスを提供することであり、差別化されたビジネスや技術のソリューションを持つことである。そして、市場への効果的なチャネルを構築することであり、競合に一歩先んじるための開発を続けることである。これは、終わりなき戦いなのだ。

すぐに市場へ投入できる製品またはサービス
Developing a Market-Ready Product or Service

　提供する製品やサービスには市場があらかじめ準備ができていて、製品を最初に販売するまでの時間と資源を見定めることが計画の主たる問題である、などというスタートアップは数少ない。だからこそ、理論的な知識だけではなく、

109

製品開発の経験を持つ人が、スタートアップチームには必要なのである。起業家が賭けるのは、金銭的サポートが可能な期間中に製品を提供する能力が、ベンチャーにあるかどうかである。コンセプトから製品にいたるまでのリスクを管理できる能力があるという自信が持てないうちは、ベンチャーをスタートさせるべきではない。

　マーケティングに対して自信を持って投資することもまた重要である。いつ、どのようにマーケティングに投資するのかは重要な判断になる。

　起業家チームは、市場状況が許せば、次の二つの戦略のうちのいずれかを採ることができる。一つは、顧客が喜んで購入するであろう最善の製品を目指して開発を続けていくこと。もう一つが、価値提案から興味を持ってくれる少数の潜在顧客を特定することである。どういう顧客かというと、最終的には非常に価値ある製品になるとの希望的観測のもと、不完全であると知りながら継続して何回かのバージョンのテストを行うという、最終製品までの繰り返し作業に協力してくれる人である。後者の例はほとんどないが、そのようなプロセスに興味を持つ顧客もいる。それは、その製品が将来、とてつもないものに仕上がった時に最初に使うユーザーになりたいと考えているからである。

競争の拡大
Sizing Up the Competition

　ダイナミックな市場は複雑で、多次元のチェスボードのようである。競争の場を理解することは難しく、新会社設立時に起こりそうなことを予測するのはさらに困難である。Siri のチームは、Siri が先進的な製品であることを確信していたし、実際にもそうであった。しかし、その内容が知られると、必然的に競争が起こった。競合他社を生み出すのは、価値あるものが可能にしたことを彼らが学ぶからである。

　大企業を見てみよう。彼らが占有する市場に参入する時は、"大企業は反応が遅い"ために、簡単だと考えられていた。しかし、この状況は変化した。現在のテクノロジー市場のリーダー企業の多くは、ほんの少し前に起業したものである。その起業家的経営者は、スタートアップからの新たな脅威に対して警

110

第5章　優れた事業計画を構成する7要素
The Seven Ingredients in a Great Business Plan

戒している。さらに、高成長分野ではベンチャー・キャピタリストを利用でき
るし、市場を牽引すると思われる魅力ある製品を持った新しい会社の出現が、
競合を誘うのは確かである。既存のベンダーや他のスタートアップによってす
ぐにまねされるような薄っぺらな価値提案で、どんなベンチャーもスタートし
てはならない。

タイミングの重要性
The Importance of Timing

> 会社が市場に対する正しい考えを持っていたが、タイミングが悪いが
> ために起きた失敗も、失敗である。

あなたは誇大広告（ごまかし）と現実との区別を学ぶ必要がある。いずれ蜃
気楼や投資のブラックホールになってしまうような市場に、未来を賭けること
はない。我々の基準を満たす良い時期にベンチャーをスタートさせるには、注
意深くあって欲しい。あなたは長期間にわたってやっていける確固とした事業
計画を持つ必要がある。そして、そのマネージメント・チームは、荒れ狂う海
を航海していける自信を持っていなければならない。競合は避けて通れないの
だから。

第3章で、新しいベンチャーへのブレークスルー・マーケットについて議論
した。好機は秘密にしておけないし、チャンスは激しいペースで、起業家的活
動をより早く引き起こす。

我々は大きな市場の問題を解決することを話しているので、ソリューション
を特定する頃には、その市場に参入しようとする新・旧企業の長いリストがで
きているだろう。必然的に、大きな可能性を秘めた新興市場には、注目と投資
を集めるような目を引く新しい名前が付けられる。

いくつもの歴史的な事例が思い起こされる。どのケースも、巨大な新しい市
場と考えていたところに多くの新たな企業が参入したものの、財政的に準備さ
れていなかったり、長期的な参戦ための適切な資源を持っていなかった。

111

たとえば、1980年代におけるITの新しい趨勢は、クライアント・サーバー技術であった。大型のメインコンピュータは、特定のアプリケーション専門の小型のネットワーク機器へと置き換えられた。この技術は、システムの柔軟性と低コストの面で明らかに有利であったので、多くの企業が、中型の産業用のコンピュータ向けサーバーの設計とマーケティングを開始した。これらのサーバーに接続する、クライアントと呼ばれるパーソナルコンピュータの製造を始める企業も数多く出てきた。しかし、これらの新しいスタートアップのほとんどは、長期参戦できる資源を持たなかったため、ヒューレット・パッカード社（Hewlett-Packard）や後にオラクル社（Oracle）と合併したサン・マイクロシステムズ社（Sun Microsystems）といった一握りのベンダーを除いて、姿を消していった。

　通信もまた、1990年代の政府の規制緩和によって、熱い投資の対象となった。その規制緩和は、スタートアップの設備やサービス会社に対する大きな投資の波をもたらした。その後、高度な資本・技術集約型の業界で競争するため、資源を持つ何社かの大企業への整理統合が進む中で、業界の多くの会社が消滅した。

　同じ展開は、1990年代に一般的な手段となったインターネットの出現で繰り返された。何千ものスタートアップが失敗した。彼らのビジネスモデルでは、インターネット上で収益を出すことが明らかに困難だったからである。生き残ったのは、利益が出るビジネスモデルを創り得たもののみであった。

　2000年の初頭には、発電における化石エネルギー使用の削減のために、再生可能エネルギーの生産に関心が高まっていた。これが、"環境保全技術（greentech）"企業出現のきっかけとなった。対象となる製品は、太陽電池から風力発電機、さらに燃料であるバイオマスを作る新しい農業まで多岐にわたっていた。巨大投資が必要でありながら、政府のサポートという不確実な支援だけでは資金不足に陥り、ほとんどの新会社が失敗した。

　さらに近年になると、"ビッグデータ（big data）"市場に一般的な注目が集まってきた。その市場に対して、大量のデータを特定の目的のために解析するソフトウェアを生産する企業が現れた。そのような解析ができれば、大きな価

第 5 章 優れた事業計画を構成する 7 要素
The Seven Ingredients in a Great Business Plan

値につながる。何百もの新規企業が参入したが、その多くは小売業などの産業
部門の特定のデータニーズに焦点を当てていた。しかしながら、そのような製
品から真の広範な製品を生み出すことは、データ解析が持つ特殊性のために困
難である。それらのベンチャーの中から大企業となれるのは、数社しかないだ
ろうと予測するのは簡単である。その数少ない勝利者のみが、ビジネスモデル
とそれを裏付ける価値提案を手に入れて、より広範な市場への参入による収益
性の高い成長を実現するだろう。

　ようするに、大きな市場機会に関する誇大宣伝は、製品の差別化が弱く、持
続可能な市場地位を築くには不十分な資金調達しかない新興企業を、しばしば
生み出してしまうということである。彼らの運命は、経歴に傷をつけ、何百万
ドルという多額の投資家の資金をなくした後、忘れ去られるしかない。

　勝てるビジネスモデルと価値提案書を書くことができた、ほんのわずかな新
規参入者のみが、厳しい競争に耐えられる。しかし、あまりにも多くの参入者
が市場が抱える同じ問題をターゲットにした場合、新たな市場機会が促進され
過ぎることで、しばしば大規模な失敗を招く。他のベンチャーが同じ機会を狙
う前に、野心的なベンチャーを立ち上げるべきだというのは真実である。しか
し、最も重要なのは、あなたの将来を築くための経営と財務に関する資源があ
ることである。競争に加わる準備ができていないなら、最初であっても成功に
は不十分である。つまり、準備が整ったうえで、機会を早期に認識し実行する
ことを意味している。それ以外の場合、早期に立ち上げて失敗したスタートアッ
プは、他の人がそのまちがいから学ぶことで、市場への導き役になるだけであ
る。

　本書で、我々が優れた成功の事例として議論している、コバッド社、ノバ社、
ネス社、レベルワン・コミュニケーションズ社、ニュースター社、RMI 社の
ような企業は、投資の波の初期にスタートして、競合他社の大群が到着する前
に、新しい市場での地位を確立していた。

構成要素 4：製品の利点の定量的な解説

Ingredient 4 : A Quantitative Statement of the Product's Benefits

すべてのベンチャーは、市場のニーズと問題点に対する提案から始まる。そして、その市場のニーズに対応するための製品またはサービスコンセプトを提供する。一方、ベンチャー・キャピタリストは、潜在的な市場規模や顧客利益に対する見解に、非常に懐疑的であるように慣らされている。彼らが用いるキャッチフレーズは、「犬がドッグフードを必ず食べるということを証明して欲しい」というものである。それゆえ、製品やサービスを購入する際の顧客の利益を詳細に提示する必要がある。

資金調達を得づらいベンチャーは、消費者市場をターゲットとしているベンチャーである。第3章で述べたように、消費者市場では、消費者がなぜあなたの製品を買うのかを定量化するのが難しいことがあるからだ。

（ちなみに Siri では、我々はその根拠を示すことに成功した。第1章を参照して欲しい。そしてそれが、初期段階で投資資金を獲得できた理由である）

いくつかの消費者向けベンチャーは"ヒット"ビジネスに属すると考えられている。それは、映画会社のヒット作品のようなもので、その成功は予測できない。良い例がゲーム会社である。

結果として、ベンチャー・キャピタリストは、そのような種類の消費者向けベンチャーに投資することはほとんどない。ただし、ベンチャーが成熟した段階に達していて、すでに多くの消費者がその製品やサービスを使用していることが示されれば別である。

では、これらの起業家が、最初の段階の投資を求めている時に、どのように獲得すればいいのだろうか。家族や友人、エンジェル投資家（起業家のスタートアップを助ける個人投資家）やシード・ファウンダー（最初の投資に特化している人）がそのアイデアを気に入れば、投資のリスクを選ぶかもしれない。しかし、投資の次の段階では、ベンチャー・キャピタルによる投資と、実績のある顧客獲得がほぼ確実に必要となる。

ベンチャーが顧客への製品メリットを明確に定量化できれば、大きな価値を

第 5 章　優れた事業計画を構成する 7 要素
The Seven Ingredients in a Great Business Plan

生む。それによって投資家が、提案された製品を素早く理解し、なぜ顧客の興味を引くのかを知ることができる。

　たとえば、IC チップなどの電子製品の場合、企画された製品や製品群は、交換の対象となる既存のチップの、何倍もの処理能力を提供する可能性がある。業務用ソフトウェアの場合には、より高速な操作やエラーの回避などによって、企業の運用コストを大幅に削減できるという利点が生まれるだろう。最終的には、なぜ顧客が製品を購入するのか、その利点を説明するために定量的な表現に変えなければならない。

構成要素 5：競合に対する深い分析と理解
Ingredient 5 : A Deep Analysis and Understanding of the Competition

　投資家は、チームのメンバーが競合的な環境を理解していて、競合他社の挑戦に対処する用意があることを確認したがるだろう。直接的な競争相手がいない場合でも、新しいベンチャーが満足させようと計画しているニーズの一部を満たす製品やサービスを提供している競合がいるかもしれない。

　起業家が、競合相手を投資家に説明する時に、最悪のそして不幸にも最も一般的な方法の一つを教えよう。それは、行に競合のリスト、列にその製品特徴を示す表を用意することである。それは、あたかも異なる製品の比較を示す、消費者向けの報告記事のようになるはずである。次に、彼らの製品がその機能のすべて、あるいはほとんどを提供している一方で、競合他社はより少ない機能しか提供できていないことをチャート図で示そうとするだろう。

　なぜ、これが好ましくないアプローチなのだろうか。製品が、すべての機能を併せ持っていたとしても、それで必ずしも成功するというわけではない。顧客が気にするのは、たぶん一つか二つの機能に過ぎない。あるいは、チャート図で機能はわかっても、提供される価値まではわからないかもしれない。あるいは、機能が多すぎると、実際には潜在的な購入者を混乱させかねない。

　では、投資家に競合相手を示す良い方法とはどのようなものだろうか。一般的な手法の一つにグラフがある。グラフの各軸に、重要な差別化要因を二つ設

115

定する。通常、あなたの会社がこの二つの差別化要因で最高の位置にあるなら、右上の領域に現れる。そして、競合相手を他の領域に書き込めるはずである。また、矢印を書き加えることで、競合相手の動向も示すことができる。この世界に静的なものは何もないのだから。

投資家に競合相手を示す別の素晴らしい方法としては、競合相手の製品やサービスが、あなたのものに次ぐものであることを示すことである。つまり、シミュレーションを含めて、あなたが上であることを実証するのである。そうすれば、製品がもたらす相違点と価値を容易に理解できる。

競合他社がまったくないという主張は、きわめて疑わしく受け取られる。さらに悪いことに、ベンチャー・キャピタリストは、まだ他の投資家が入り込んでいない分野に踏み入ることに、非常に注意深い。また、最終的にベンチャーを買い取る側になるかもしれない競合相手であれば、それがベンチャー成功時の出口の一つになるかもしれないため、投資家は競合を好むのである。

構成要素6：財務計画

Ingredient 6 : The Financial Plan

財務計画は、事業計画の頂点にあたる。どんなに慎重に計画を立てたとしても、実際には財政計画が現実と一致する可能性は低い。通常、実行可能なビジネスを構築するための時間やコストは、スタート時の予想よりもより多く必要となる。したがって、あなたの計画は生きている文書となり、環境の変化によって良くも悪くも変わっていく。

たとえば、製品開発を変更した場合には、マーケティング関連などの他の費用も含めて、それぞれ割り当てられた費用を変更し、総経費を一定に保つようにしなければならない。多くの起業家は、それが他の計画の付属物であるかのように財務計画を策定する。それも、スプレッドシート上に表示される損益計算書、キャッシュフロー、残高のすべてに、それぞれ別々の成り立ちと論理があるかのように作成する。彼らは、投資家が最終損益の数値のみに注目していると思っている。それは重大な誤りである。経験豊富な投資家は、あなたが事

116

第5章 優れた事業計画を構成する7要素
The Seven Ingredients in a Great Business Plan

業計画と価値提案の各要素に対応する財務計画を作成し、その財務計画がすべての戦略と意思決定の結晶になっていることを期待する。

スタートアップが投資家を引き寄せる際、財源の範囲内で期待に応えられるかどうかが、経営陣の信頼性を左右する。当然のことながら、明確なビジョンと計画はスタート時の前提条件だが、最終的に目的を達成するには、数回の投資が必要になる。これら複数の投資は、収益性が高まったビジネスのさらなる成長や、ベンチャーにとってはおもしろくない損失をカバーするための資金投資となる。したがって、事業分岐点に到達するためには、あなたと投資家の双方ともが、時期的なリスク、原資の性質とその費用を理解する必要がある。あなたが犯す可能性のある最悪のシナリオは、楽観的すぎる短期的な計画で投資家を誘い込み、約束した重要な事業分岐点にする前に資金が底をつくことである。最初の事業分岐点に達しなかったスタートアップは新たな投資を引きつける手段もなく、資金と投資家を失って置き去りにされてしまう。

経験のある投資家は、財務計画が不確かなものであることを知っている。しかし、彼らは経営陣が、変化に反応できて、迅速かつ効果的に問題にできるかを見たいと思っている。投資家からの継続的なサポートを得るためには、投資家との親密な関係を確実に維持する必要がある。それに関しては6章に記す。

必要だが不十分
Necessary but Not Sufficient

深く考えられた事業計画であったとしても将来への備えに過ぎず、予言の書ではない。事業計画をいかに注意深く考えて準備していたとしても、さまざまな理由から、根底とする仮定が誤っていることも多い。たとえば、製品に遅延や品質の問題が起きたり、信頼していたチームメンバーから裏切られたり、予想外の方向から競合が参入したり、予定していた顧客が実現しなかったり、といったことが起こり得るのである。一方、製品の需要が予想よりはるかに大きくなったり、競合他社が抱えていた巨大な市場が開放されてそのまま残っていたりといった、予期せぬ幸運があるかもしれない。

いずれにせよ、人生において幸運を引きつける能力というのは実際にある。

117

優れた経営陣というのは、他者から見ると不毛に見える機会でも、そこからチャンスを掴む能力が他の人とは違う。偉大なチームは自分の手で幸運を掴むものである。

構成要素 7：市場と投資家への魅力的な価値提案書
Ingredient 7 : The Value Proposition

すべてのビジネスは、その存在を正当化するための、根元的な価値提案を持っていなければならない。事業計画はその価値提案を価値あるビジネスへ変えるロードマップ（行程表）である。

価値提案とは、いかに顧客へ価値を届けるか、その価値によりどのように顧客からの収入を得て、ベンチャーへ支出することでどう収益に結び付くのかを説明している一連の宣言文（ステートメント）である。

この概念を明確にするために、これまでに提案された価値提案の二つの例を比較してみよう。最初の事例は、既知の市場に対して、既存の業者よりも低価格で製品を提供しようというものである。これは、差別化されているわけではないが、有用な製品であり、低価格で提供することで現在の供給業者に取って代わるものとみなすことができる。

では、この状況を効果的な価値提案に落とし込むには、どのようにすればいいのだろうか。実際のところ、新しい技術や流通チャネル、付加的なサービス、あるいはそれらの組み合わせによってコストが低くなるのであれば、さらに、そのモデルが他者には簡単にコピーできず、利点を持続できるのであれば、効果的になり得るであろう。

実際に、中国で半導体を手がけるスタートアップである RDA 社は、携帯電話の地場の製造者へ低価格の IC チップを販売して、輸入チップから置き換わることで、大きなビジネスを作り上げた。

半導体産業の別の事例として RMI 社がある。同社の価値提案は、既存の製品よりも 10 倍の性能を発揮する新製品の提供に基づいている。複数の高価なチップを必要としていた機能を、一つのチップ上に組み合わせた結果、実質的

第5章　優れた事業計画を構成する7要素

The Seven Ingredients in a Great Business Plan

な価格が下がったのである。その基本設計は専有のものであるとともに、他製品への適用拡大が可能であった。そのため、この価値提案は長期的な戦略を持つことになり、ビジネスを成功に導く基礎となったのである。魅力ある価値提案を実現するための事業計画に命を吹き込む方法は、これまで見てきた1から6の構成要素（ingredient）に要約されている。価値提案は、定量化され特定されている場合が、最も魅力的で強力である。投資家に対してベンチャーに関するプレゼンテーションを行う時、自身の価値提案を説明することになる。

　投資家への普遍的なプレゼンテーションの概要を次に示す。主要なポイントはすべて、15から20枚のスライドに取り込まれているものである。

1.　高度なビジョン・ステートメント
　　企業がその存続期間で成就したいことに対する最も簡潔で明快なステートメント（企業理念）を少ない言葉で表したものである。
2.　チーム
　　そのチームが計画を実行するために最適であることの理由付け。
3.　市場の問題点
　　市場の問題点の現状、市場の脆弱性、市場機会の規模。
　　市場のエコシステムを深く理解しているか、どれくらい顧客を理解しているか、すなわち顧客がある種の行動や行為を一日の中でどれくらい行うか、利用事例を挙げる。
4.　なぜ今なのか
　　ソリューションの受け入れが可能であるという、市場動向を説明する。
5.　市場の課題に対する製品またはサービス・ソリューション
　　何が差別化になるのか。画期的な技術やビジネスモデルはあるのか。最初の製品を超える製品ロードマップはあるか。
6.　市場への製品またはサービス・ソリューションの定量化されたメリット
　　ビタミン剤か、鎮痛剤か。
7.　市場への参入計画
　　収益を上げるまで、どのくらいの期間がかかり、どのくらい困難なのか。

119

8. ビジネスモデル

収入、価格設定、および収益性。エベレスト登頂のためのベースキャンプがあるのか。

9. 競合の分析と深い理解

最も近い競合他社のソリューションを記述またはシミュレーションできるか。さらに、自社との比較で、はるかに優れていることを説明できるか。

10. リスク

リスクを明らかにして、それを軽減する計画を示せるか。

11. 投資

必要な投資の目的、スケジュール、事業の節目の概略を示せるか？

12. 財務計画の要約

重要な事業分岐点に到達するうえでのリスクと時期、さらに会社の位置付けを予測しているか？

13. デモ

製品のデモンストレーション、コンセプトの証明、またはシミュレーションがあるか？　それらがあれば、投資家のリスクに対する懸念を減らすために役立つだろう。

価値提案書と事業計画書を手にしたら、投資家へのアプローチの準備は整った。次章では、どのように投資家を選ぶか、どのように投資を獲得するかについて示す。

第 **6** 章

投資家と役員を選ぶ
Choosing Investors and the Board of Directors

投資家と役員会メンバーがもたらす最大の価値は、彼らの知識、経験、そしてサポートであって、単に資金的な面だけではない。もし、お金またはその取引条件のみで投資家を選ぶなら、あなたは大きなリスクに直面する。

起業家は、ビジネスの成長を加速するために、ベンチャー投資かプライベート・エクィティ投資（未公開株式への資本投資）を探し求める。事実、ナスダックに上場している企業の91%は、900以上あるベンチャー・キャピタル企業のうちの、1社以上から支援を受けている[1]。

　しかし、ベンチャー・キャピタルの投資は、単に金銭のみではない。最良のベンチャー・キャピタル企業は、財政投資よりもはるかに価値のある資源を提供する。彼らが投資することで、ベンチャーが重要で価値あるものであり、注目に値するという世界への即時のシグナルになる。そして彼らは、あなたのチームへ最高の才能を採用する手助けもしてくれるだろう。彼らが選択した市場領域の中で何百ものベンチャーを見てきたので、通常、その分野のエコシステムの専門家になっている。どのように動作するのか、何が成功したのか、そして何が失敗したのかを示してくれるだろう。彼らはその会社の役員になり、継続したリーダーシップや投資戦略に重要な決定を下す。彼らはまた、有望な顧客やパートナーをその会社に紹介する。彼らは、絶えず続く会社への脅威や機会に対して、その会社が切り抜けられるように助けてくれる。端的にいうと、彼らはすべてのベンチャーが必要とする、専門的指導、支援、助言を提供してくれるのである。

　最良のチームは、経験のあるベンチャー・キャピタリストの価値を理解しているので、最大のオファーや最小の株式の希薄化（dilution）※ではなく、これらの他に目に見えないがもっと重要な結果をもたらす投資を探し求める。

　この章では、資本を管理する専門企業からの投資の誘致について説明している。そのため、初期段階の企業に対するリスクを負う準備ができている個々のエンジェル投資家から、スタートアップのための投資を受ける可能性について言及することも重要である。これらの個人投資家は、ベンチャー初期の資金や助言の貴重な提供者であり得る。しかし、そのような投資家はリスクを伴う条件を設定することもあるので、注意が必要である。

※株式の希薄化
増資などで発行株式数が増加することにより一株当たりの価値（権利内容）が小さくなること。

第6章　投資家と役員を選ぶ
Choosing Investors and the Board of Directors

基本事項：ベンチャー・キャピタルと彼らが望むもの
The Basics : Venture Capital Firms and What They Look For

　多くの国々にベンチャー・キャピタル・ファンドはあるが、その大多数はアメリカを基盤としていて、投資のために管理している資産としては、数百万ドルから始まり十億ドル以上のものもある。ほとんどのベンチャー・キャピタル・ファンドはパートナーによって運営されていて、その関係は独立したパートナーシップになる。他のものは、企業および投資会社のファンドの一部である。

　たとえば、インテル社の投資部門は、インテル社自身の企業戦略の利益と合致した技術のスタートアップへ投資することでよく知られている。インテル社は、コバッド社への初期投資者だったが、それは戦略的関心によるもので、インテル・チップの潜在的な市場であるブロードバンド通信技術の育成という目的に沿ったものであった。

　ベンチャー・キャピタル・ファンドを管理するパートナーは、さまざまなバックグラウンドを持っているので、投資の方向性に影響を及ぼす。あるパートナーは産業界の出身で、経営や技術開発やマーケティング等の経験がある。他のパートナーは、ゴールドマン・サックス社（Goldman Sachs）や JP モルガン社（J.P.Morgan）のような投資銀行で働いた経験がある。さらに別のパートナーは、会社の経営から退いた後に、プロの投資家になることを決めた、成功した会社の創業者であった。投資パートナーは、主に裕福な個人、年金基金、大学などの機関の基金から、彼らのファンドの資金を調達する。ファンドへ資金を出した団体は、そのファンドの有限責任パートナー（limited partners）と呼ばれる。一方、有限責任パートナーの資金運用にあたるベンチャー・キャピタル・ファームのメンバーは、ジェネラル・パートナー（general partners）と呼ばれる。

　投資家は、基本的には長期間の投資を行う。それは、投資した資産の利益が、一般株式市場のような他の資産運用の利益を超えると期待してのことである。ファンドが、通例10年から20年に限られているのは、投資は予想されるファンドの存在期間内に精算されて、その投資が投資家へ返却されなければならないことを意味している。投資家は、事業構築に数年を要する可能性がある状況

123

下で、短期間で財務状況を判断する。

　歴史的に見ると、ベンチャー・キャピタルの収益は大きく変動してきた。管理する基金の成績が、同業他社を下回るベンチャー・キャピタル・パートナーには、新しいファンドへの投資家を見つけることが難しくなる。それは、投資会社の終焉を意味する。それゆえに、ベンチャーの収益性にパートナーは強い関心を寄せるのである。アメリカのベンチャー・キャピタルに関する最も信頼できる情報に、米国ベンチャーキャピタル協会（National Venture Capital Association）[2]の年鑑がある。ベンチャー・キャピタルの成否は、有限パートナーへ高いリターンを行えるかどうかにかかっている。数え切れないほどやって来る新しい投資を求めるプレゼンテーションでは、さまざまな魅力に満ちあふれた素晴らしい技術や洞察力のあるアイデアが示される。しかし、高いリターンが達成される方法を明確に提示できなければ、ほぼ確実に投資の機会を取り逃がすであろう。これは、事業計画の価値提案の部分の重要性を示すものである。

　少なくとも、彼らが最も初期の段階のベンチャーに投資する際には、ホームランを狙う。つまり、投資の10倍以上が戻ってくるであろう企業に投資するのが一般的である。

　このような投資の成功は10から20回のうちに1回起きるか起きないかである。しかし、ファンド全体を成功させるには十分である場合も多い。10回の投資のうち3回か4回は、損失かまたは投資額と同額が戻ってくるだけであろう。それ以外の投資からは、2倍から数倍のリターンを得る。

　それゆえに、トップのベンチャー・キャピタリストから投資を得るには、高いハードルがあるのである。セコイア・パートナーズ社のマイケル・モリッツは、ホームランを狙えるような会社に関する考え方を、我々に話してくれたことがある。

　　セコイア・パートナーズ社は、ベンチャーを考慮する時は、つねに長期的な機会について考えます。ほとんどの人が、ベンチャー・キャピタリストはそのような考えがないと思っているようですが。

　　我々は、保有株式の現金化などの精算が最後だとは考えていません。

第6章　投資家と役員を選ぶ
Choosing Investors and the Board of Directors

　むしろその後も、5年、10年、15年間と永きにわたって協力していきたいと、強く願っているのです。長期にわたって、市場で中心的な役割を担っていけるベンチャーを探しているのですから[3]。

　事実、多くのベンチャー・キャピタリストは、投資した会社に強くかかわってきたため、清算が行われた後でさえ役員会で役立とうとするのである。

ふさわしい投資家選び
Choosing the Right Investors

　機敏な起業家であれば、可能性のある投資家と投資を求める前からその機会について話し合い、アドバイスとアイデアを求める。起業家が、すでに認知され尊敬されている起業家や投資家によって、他の投資家に紹介されることはつねに価値がある。プロの投資家は、彼らが資金を提供する起業家の性格や評判に注目している。そのような紹介があれば、良質なベンチャー・キャピタル企業の適切なパートナーとの会議も容易になる。

　ベンチャー・キャピタリストが、同時期に投資する先は、通常、6件から8件に限られる。これらの投資の多くは数年に及ぶので、新しい会社への投資を決めて、もう1社を投資ポートフォリオに追加しようとはあまり考えない。彼らは1社に投資する前に、何百もの企業を調べるかもしれない。ベンチャー・キャピタリストの投資が、1年1社というのも珍しいことではない。とは言え、彼らは多くの会社を調査することに幸福を感じているかもしれない。あるいは、つねに新しいチャンスを探していたり、現状のポートフォリオに入っている企業を支援するためにできるだけ多く学びたいと考えているかもしれない。

　起業家と投資家の間で議論するのは、投資家がベンチャーのコンセプトを評価するだけでなく、その機会にチームとチームの能力を評価するためである。その機会に投資家は、そのチームの見えない要素、たとえば、情熱や忠実さ、聴く能力、誠実さなども評価できる。そういう際には、投資ではなくアドバイスを求めることが重要である。それは、緊密な連携と進展のタイミングが訪れ

125

たということである。

　チームが、短期間に複数の投資家からの資金調達を求める場合を想定してみよう。そういうチームは、“ロードショー（地方興行）”に出かける。つまりあちこちを訪ね歩いては、初期の話し合いもなしに投資を求めるため、はるかに難しい道筋を通る可能性が高い。それは滑稽であるが自明の理である。もしアドバイスを求めたら、資金調達の可能性がさらに高くなり、もし投資を求めたら、アドバイスを得る可能性がさらに高くなるだろう。

　プロの投資家は、小切手を切る前に、彼らが管理する資金を受託できるだけの投資先かどうかを確認するため、多くの仕事をすることが期待されている。あなたにとって重要なのは、適切な投資家を選ぶことである。彼らのバックグラウンド、業界知識、あなたのビジョンへの同意、能力などに加えて、優れたビジネスを構築するために必要な時間枠で、あなたの会社の経営陣とともに働く気があるのかどうかを知ることである。資金調達を求める時、非常に慎重に選択しなければならない。資金提供はもちろん不可欠だが、リード・インベスター（主導的な投資家）と会社の将来の関係は長年続くことになる。リード・インベスターは、会社の形成期に特に大きな影響を与えるはずである。

　投資を受けるというのは結婚と同じだと考えて欲しい。それも、会社が自己資金を調達するか株式公開されるまで、離婚がほとんど不可能な結婚である。起業家と投資家は、共通の目標に基づく長期的な関係に入らなければならないのである。

　第一に、起業家の業界領域に特別な関心を持っているベンチャー・キャピタル企業を特定しなければならない。第二に、求める投資が彼らの事業サイクルのどの位置にあるのかを知ることも重要である。たとえば、10年間の資金提供の9年目で、新たな投資が開設されていないという状況であれば、フォローアップ（継続投資）してくれる投資家の数に入らないため、投資を求めても無駄である。

　Siriベンチャーの場合、投資を求める数か月前には、ノーマン・ウィナースキーとCEOのダグ・キトラウスが、メンロー・ベンチャー社のショーン・キャロランとモーゲンサラー・ベンチャー社のゲイリー・モーゲンサラーとの間で、

126

第6章　投資家と役員を選ぶ
Choosing Investors and the Board of Directors

関係を構築していた。ノーマン・ウィナースキーとゲイリー・モーゲンサラーは知り合いで、そのうえ、長年にわたって一緒に仕事をしてきたという強みがあった。

　ショーン・キャロランとゲイリー・モーゲンサラーは、いずれも多大な成功を収めたベンチャー・キャピタリストで、消費者や企業の市場領域、モバイル、音声、AIソフトウェアやシステムに非常に精通していた。彼らは、市場と技術の両方をよく理解していたので、Siriに対しては完璧な投資家であった。ゲイリー・モーゲンサラーはまた、SRIが開始して大いなる成功を収めた、ベンチャー起点のニュアンス社へも投資を行っていた。

　Siriベンチャーの事例では、チームと投資家とが出現した多くの予測不能な問題をうまく解決した。ここにその例がある。

- 製品の成功のための重要な指標は、Siriからの応答を得る際の遅延（遅さ）だった。次世代のiPhone向けにSiriをリリースすれば、待ち時間の問題に対処する時間ができる。あるいは、現在の世代でリリースするか、いずれかを選択しなければならなかった。
- 我々のサービスの一部を供してくれた企業パートナーのいくつかは競合他社であり、独自のバージョンを構築し始めていた。どうすれば、彼らに依存し過ぎないようにできるか。
- 我々のアイデアで成果を出す準備ができる前に、買収のオファーが来てしまった。どのように対処すればいいのか。
- 製品をリリースした時、予測の10倍のスピードでダウンロードが始まり、急激な成功が始まった。準備はできていたか。

　ベンチャー・キャピタルの役員の豊富な経験と知識が、これらの質問や、もっと多くの質問の答を得るのに役立った。

　ここに、主な投資家を選ぶ際に考慮すべきいくつかの指標（パラメーター）がある。

127

- あなたの業界領域に関する知識。
- 初期段階の会社と一緒に働いた経験。
- 過去の活動、特に管理チームや他の投資家との関係に関する利用可能な過去の活動の参照例。
- あなたのベンチャーを助けることができる業界との関係。
- 競合する会社における現在の活動。ベンチャー・キャピタリストがNDA（秘密保持契約）を締結することは稀であるため、あなたの情報の秘密を守れるかどうか。
- ファンドの規模と社歴。次に続く投資が可能か。
- 継続投資に関するベンチャー・キャピタル企業の過去の投資のパターン。
- 投資を担当するベンチャー・キャピタル・パートナーの他社との関係性。その人が、あなたのベンチャーに専心する必要な時間を持てるかどうか。

投資家へのアプローチ方法

How to Approach Investors

　経験ある起業家が投資を求める時は、賢明にもわずかな投資者へ説明するための行脚（ロードショー）から始める。そして、その中から候補が消えたら、可能性のある新しい投資家を加えるのである。この章の前半で述べたように、投資家は、起業家が会社に対する忠誠心を持っているのか、また自分たちの知識や経験を高く評価しているのかを知りたがるものである。投資先を広く買い漁っているような行動は、印象を損なうのである。

　起業家がアドバイスではなくて投資を求め始めると、その起業家は時間がさし迫った状態であると、投資家が認識するということを知っておいて欲しい。企業が資金調達を開始して約３か月から４か月経っても、主要な投資家との契約にこぎつけられなかったとしよう。情報網で強く結ばれている投資家の世界では、その企業は依然として投資家を買い漁っているとみなされ、最終的には陳腐な会社だと判断されることになるだろう。投資家はお互いの意見を尊重し合っていて、もし他のベンチャー・キャピタルがその機会を辞退したなら、そ

第6章　投資家と役員を選ぶ
Choosing Investors and the Board of Directors

れを理由に辞退することになる。彼らは急激に興味を失っていく。もしあなたがそうなってしまったら、その時点で再編成し、新たな計画を決め、しばらく後に再び投資を探すことが最善である。

投資を得るまでに必要な5つの会議
The Five Meetings Needed to Gain Funding

　起業家が、ベンチャー・キャピタルに投資を求める場合に必要とされる、5つの種類の会議があるので紹介しよう。

　ただし、我々のアドバイスに従っているという状況であれば、投資家からの助言や援助を得るために、繰り返し会議を持つ方がいい。その場合は、回数は関係ない。

会議1：はじめに
Meeting 1：The Beginning

　あなたが、最初の議論のためにベンチャー投資家と会う際に、次の三つの質問に対するあなたの答えが「はい」であることを、彼らに納得させる必要がある。

- 魅力的なビジョンと価値提案書を持っているか？
- そのビジョンに対して、あなたとあなたのチームは情熱的に断固として従うことができるか？
- それを実行できるか？

　この三つの目標を達成すれば、この会議は成功である。それ以上望む必要はない。

　　　ウディ・アレン（Woody Allen）の名言に、「成功の80％は、姿を見せることである」という言葉がある。我々はそこに、「残りの20％は、

129

いつ立ち去るかを知ることである」と付け加えよう。

　では、どのように目標を達成すればいいのか。プレゼンテーションは、簡潔で魅力的で対話型でなければならず、質問や議論がない限り、30分から45分以下でなければならない。そして、最初のプレゼンテーションの時には、暗黙の"5分間ルール"というものがある。それは、冒頭の5分間で、あなたのベンチャーに興味を抱かせるように話を進められなかったとしたら、残りのプレゼンテーションへの興味は失せてしまうだろう、というものである。

　この時のプレゼンテーションでは、チーム、ミッション、ビジネスビジョン、価値提案の要点、および資金調達額に焦点を当てる必要がある。

　下準備にやり過ぎはないということを、強調しておきたい。プレゼンテーションでは、よく知られている業界の背景情報に時間を浪費するのではなく、価値提案に集中しなければならない。

　ベンチャー・キャピタリストがあなたの言動から判断するのは、あなたに実行力があるのか、つまり事業を実際に運営していけるかどうかである。

　焦点がぼやけていて一貫性のないプレゼンテーションを持ってやってきたチームは信用されない。投資家が質問した競合相手について知らないチームも信用されない。活気、意欲そして熱意を示さないチームも信用されない。CEOのプレゼンテーションの時間を残さないで、質問に答えるうちに自ら議論に飛び込んでいってしまうようなチームメンバーがいるチームもまた信用されない。

　第一回目のプレゼンテーションの目的は、可能性のある投資家が興味を抱くレベルまで達するか否かである。もし次の会議があるなら、その会議では初回に指摘された特定の問題と質問への対応に注力しなければならない。そして、投資のリスクと報酬の関係式がどのくらい理解されるかによって、興味のレベルが決まる。投資判断を促すためには、リスクと報酬の関係を納得させることは重要な要素である。それは、投資家個人の重要な決定要因となる。したがって、会議の前に決裁権を持つ人の投資履歴を調査することは重要である。投資家は、競合企業をすでに認識していて、おそらく何十、何百もの関連ベン

第 6 章　投資家と役員を選ぶ

Choosing Investors and the Board of Directors

チャーを見たことがあるので、競合他社やその差別化、ビジネスモデルなどに関する質問を浴びせてくるであろう。

　また、このプレゼンテーションでは、潜在顧客や実際の顧客にも言及しなければならない。ベンチャー・キャピタリストが興味を示したら、次のステップでは、価値提案書の実証を始めるために、市場や技術の専門家に加えて顧客の招集を始めることである。これはあなたの承認があってから実施されるべきである。

　ベンチャー・キャピタリストは、どれくらいの投資が必要かを確実に質問してくるはずである。この質問はテストも兼ねている。起業家は、達成したいと望む全体的な目標、スケジュール、マイルストーン（事業の達成点）がある計画を立てなければならない。資金調達レベルというのは、その計画を達成するために必要な投資ということである。それが、どのように使用されるのかについて明確な説明をせずに投資を求めるというのは、投資家が議論を終わらせる直接の理由となる。それに関しては、3回目の会議のところでさらに説明しよう。

会議 2：徹底的な議論

Meeting 2：In-Depth Discussions

　次の会議では、マイルストーンを実現するために計画されている詳しい実行手順と、詳細な資本要件が提供されることになる。ベンチャーが技術をベースにしている場合、ベンチャー・キャピタル企業は知的財産（IP）の所有権、権利および制限だけでなく、技術のリスクと限界をより深く調査するであろう。ここで考慮しなければいけないのは、可能性のある投資家に十分な詳細情報を提供することで、あなたのビジネスプランは財政的な意味合いも考慮した思慮深いものであるという信頼を与えることである。またこの会議は、チームの主要な管理メンバーの紹介にも役立つ。

　この会議での質疑応答は、二重の目的を果たしてくれる。投資に積極的な投資家は、事業計画の詳細まで掘り下げて、その質を調べる機会を持つ。あなたのチームにとっては、可能性のある投資家とそのパートナーが、ベンチャーの

131

リスクと機会を理解する興味と能力を有しているかどうか、また将来的に役立つ経験があるかどうかを見極めるのに役立つ。そのような可能性のある投資家は、市場および技術の専門家に相談したり、チームメンバーを照会するなど、事業計画のすべての側面について広範なチェックを行う。

会議3：主なリスクと課題に焦点を当てる

Meeting 3：Focus on Major Risks and Issues

　ベンチャー・キャピタル・パートナーとの次の議論では、価値提案と事業計画に関連する質疑応答を行うため、1回だけでなく複数の会議を開催することがある。また、業界の専門家とコンサルタントが招集される場合も多い。ベンチャー・キャピタリストは、大抵の人の考え方とは違って、計算されたリスクしか負わないことを覚えておいて欲しい。彼らには、既知のリスクを認識して、それに対処するあなたの計画を理解する必要がある。これらの会議は、関係の相性や関与していくチームの意欲や能力があるかを評価するうえで重要である。この時点で、投資家は可能性のある取引条件についての議論も望むだろう。それは、具体的な投資金額、その会社の投資前の金銭的な価値、およびその他の契約事項に関してである。

　"会議1"で述べたように、あるレベルの投資を提案する時には、戦略的な考え方と実行計画の両方を明快に伝えることが重要となる。

　投資レベルは計画と一致しているか。エベレスト山登頂の準備のように、あなた自身のベースキャンプである初期の目標市場を持っているか。次の投資ラウンドに到達するために必要な目標と事業の達成点が、計画に組み込まれているか。そのラウンドは新たな投資家が率いているかもしれないが、その目標と到達点は、次の投資家の期待と一致しているか。計画に、次のラウンドを起すための時間と資金の余裕があるのか。

　それぞれの投資のラウンドを、次のラウンドを得るための橋渡しとして考えて欲しい。もし、ここまでの質問に良い答えを出せないなら、橋は渡れない。橋げたを歩いたら、あなたは確実に落ちるだろう。一般的に言えば、次のラウンドを開始する前に少なくとも6か月間は必要である。というのは、次の主導

第6章　投資家と役員を選ぶ
Choosing Investors and the Board of Directors

的な投資家を特定するために少なくとも3か月、契約を完了するためにさらに
3か月が必要だからである。

会議4：ベンチャー・キャピタル・パートナーとの会議

Meeting 4：The Venture Capital Partner Meeting

　ベンチャー・キャピタルのパートナーシップは、全体で意思決定が頻繁に行
われるようなパートナーシップである。投資委員会を構成する一部のパート
ナーが意思決定することもあるが、個々のパートナーが決めるのではない。だ
からこそ、一部のベンチャー・キャピタル・パートナーがこの投資に興味を持っ
ていたとしても、他のパートナーが納得する必要がある。また、あなたのチー
ムに、他のパートナーへのプレゼンテーションの依頼があるかもしれない。そ
のプレゼンテーションは、質疑応答を含めて約1時間は続くであろう。プレゼ
ンテーションの後、パートナーシップは投資を実行するか、どのような条件か
を決定する。ほとんどの場合、契約に反対するパートナーが一人でもいれば、
その案件は進まないであろう。

会議5：取引に到達する

Meeting 5：Reaching a Deal

　ベンチャーのパートナーシップの同意が得られたなら、そのチャンスを勝ち
取ったパートナーには、投資条件を交渉する権限が与えられる。当然のことな
がら、その契約条件はチームのメンバーと創設者にとって非常に重要である。
そこには、経験豊富な起業家と経験豊富な法務チームでなければ、すべてを理
解できないような複雑さがある。契約条件は、会社の成功に大きな影響を及ぼ
す可能性がある。通常、ベンチャー企業および他のベンチャー投資家の両方が
受け入れられる（と一般に理解されている）、業界全体の契約条件と密接に関
連している。

　これらの条件をどのように交渉するかは、それ自体別の本としてまとめられ
るくらいの内容がある。そこには、優先株式とその権利、清算優先度、価格査
定などの問題が含まれている。会社を代表するためにあなたが選んだ弁護士は

133

経験があり、エコシステムの一部であり、そして数多くのこの種の案件を処理してきたことが重要である。優れた弁護士は、あなたにとって本質的な擁護者であり、複雑な多くの条項を処理するのを手助けしてくれる。

リード・インベスターを見つける

Finding a Lead Investor

　これまで説明した広範なプロセスは、ベンチャーに理解を示して投資に必要な努力を行ってくれる、"リード・インベスター"と呼ばれる会社を見つけるためのものである。リード・インベストメント会社は通常、ラウンドの最初の、そして多くの場合最大の投資家である。報酬を分かち合うことになるとしても、リスク共有の観点から、投資家が追加で別の投資家の参加を求めることも多い。それゆえ、彼らと協力できる別の投資家や企業連合を見つけるために、チームとともに働いてくれるだろう。

　したがって、投資を求める起業家は、新しいベンチャーに長期的な協力体制を約束してくれる、経験と資源を持つリード・インベスターを特定する必要がある。たとえば、あなたのチームが1,000万ドルを求めているなら、リード・インベスターが500万ドルを負担し、残りは二人以上の他の投資家が分担することになる。リード・インベスターが、プリ・マネー・バリュエーション（投資前に会社に課した価値）などの投資条件を設定し、他のベンチャー・キャピタル企業との関係を通じて追加の投資家を見つけることは、頻繁に行われていることである。

資金調達ラウンド

Funding Rounds

　最初の投資ラウンドが、25万ドルから200万ドルなどの小規模な場合は、シード・ラウンドやエンジェル・ラウンドと呼ばれ、もっと大きい場合は、Aラウンドと呼ばれる。これらの最初のラウンドが、最後の投資になることはほとんどない。通常、初回のラウンドは、その会社が定めたマイルストーンを完了するための資金であり、それに対する査定額は投資家が負うリスクを反映して

134

第6章　投資家と役員を選ぶ
Choosing Investors and the Board of Directors

いる。通常は、シードまたはエンジェル・ラウンドの資金で、コアとなるチームを採用して製品のデモ版かプロトタイプを作ることが可能となる。一方、Aラウンドでは、その会社が市場に製品やサービスを持ち込んで、市場での成長が実現できるようになる。

重大なリスクが軽減されたことを示唆する目標を達成できた場合、会社の評価が上がり、第2ラウンドの資金調達が将来的に行われることになるだろう。会社が成長すれば、さらなる成長のための投資対象として次のラウンドに進み、会社の査定価値も増す。したがって、順調に進んでいけば、その会社がお金を生むようになるまで、会社の評価を上げることで投資額を増やすことも可能である。もしも、公開市場が順調であり、その会社が公に取引される費用を保証できるだけの十分な規模になっていれば、IPOも可能となる。

若い会社が利用できる投資先は、信頼性が増すに連れて広がっていく。最もリスクが高い初回投資ラウンドの後であれば、非常に大きな資金をプールしているが、ローリスクで、遅い段階での投資機会を探しているプライベート・エクィティ・ファンド（富裕な一族に代行して管理される）にもアクセスが可能となる。そういったファンドはより大きな融資ができる立場にあるものの、早期段階のリスクが大幅に解消された場合にのみ投資する。つまり、そういったファンドに認められることは、ベンチャーが大幅な収益と予測可能な財務成績に達したことを意味するのである。

役員会
The Board of Directors

ベンチャーを作る際の役員の選定の重要性について、どんなに強調してもし過ぎることはない。これまで見てきたように、リード・インベスターはほぼ確実に役員を務める。役員は、少なくとも四半期に1回は会議を持つ。絶えず変化する多くの問題に対応していかなければならない初期段階の会社の場合は、集まって議論を行うために月例で会議を開催するのが通例である。役員会には、会社の所有者の利益を守る法的な責任がある。

135

役員会には、会社の財務の健全性と戦略的な方向性の監視と、就任の意思を表明して役員会に報告を行ったCEOの任命に関する責任がある。通常、役員会のメンバーは、日々の業務には関与しない。CEOが、役員会に仕えるその会社の唯一の積極的な従業員というのが一般的である。役員会は、法的および財務的事項が適切な判断で確実に処理されていることを確認する責任がある。役員会の受託責任には、金融取引および資本投資の承認、買収、合併、資産の売却に関するものなどが含まれる。ようするに、役員会は企業の所有者の代表として、会社の価値に影響を与えるすべての事項について責任を負わなければいけないのである。

役員会が管理するためのツールとして、経営陣が準備した詳細な年間予算がある。そしてそれは、事業の財務的な詳細計画になっている。この予算には、財務実績だけでなく、計画された活動や販売や製品の状況といった、企業運営の重要な指標も含まれる。役員会は、計画と実際の結果とを比較するが、それが会社の進捗状況を追跡するための基本的なプロセスとなる。

役員会の参画が期待される活動範囲は非常に広範にわたるので、その構成には特別な注意を払う必要がある。ここで、実証された実践例を次に示す。

- 役員は、時間と関心を持つ5名から6名に絞る。メンバー数を奇数にすることは、稀にある難しい投票での同票数を避けることにもなる。重要な問題に関する役員会の投票は、議決に要する定足数を必要とするので、まじめに参加してくれる役員を選ぶことが大切である。
- 役員会のメンバーは、投資家の代表、独立した（投資家ではない）業界の専門家、CEOでバランスが取れていることが重要である。
- 役員会の議題には、マーケティング、製品開発、財務実績といった主要な活動に関する報告が含まれる。これらの関係書類は、役員会で議論する前に各メンバーが情報を消化できるよう、事前に配布しておく。
- CEOと役員会の議長の兼務は過去にはよく見られたが、現在では減っている。役員会のメンバーの一人を議長として選出することは、経営陣を変更しなければならないような困難な状況に対処する場合などには有効である。

第6章 投資家と役員を選ぶ

Choosing Investors and the Board of Directors

- 役員会の活動と関連して発生した費用について、役員会から払い戻す補償制度がある。さらに、会社の資産価値を高めた場合の奨励としてストックオプションが支給されることも重要である。

役員会を無意味にするもの

What Can Make Boards Ineffective

　主要な投資家を代表して任命された役員は経験が豊富で、彼らが管理するベンチャー・キャピタル・ファンドの方向性によって形成された意見を反映する。たとえば、投資資金が底をついて新たな投資が必要となった場合に、投資によって進められるだろう成長を見合わせるか、または売却による出口を探すという見解を取るかもしれない。彼らが意図していることは、さらに投資を増やすことを避け、資金調達を良好にするために資産の流動化を成し遂げることである。しかしそれは、会社の長期的な利益にとって最善のものではないかもしれない。そのような、役員会メンバーとしての責任と一貫していない行動は、よく見受けられるし、しばしば起こることである。

　役員会のやる気のなさもまた、たびたび問題になる。会社の活動を完全に見直し、有用なフィードバックを経営陣に提供するには、数時間の定例役員会では時間的に不十分である。そのため、議題は慎重に選ぶ必要がある。また、もし役員に事前に十分な情報が届いていなければ、価値ある議論になるか疑わしい。したがって、役員会のメンバーが、会議と次の会議との間に時間を費やして、会社の活動を理解し、会社の業績に影響を与える外部産業の動向を継続的に認識できるような準備をすることが重要である。我々の経験では、そのような"宿題"を喜んで引き受けるような役員会のメンバーを見つけることは難しい。準備もせずに会議に出て、説明されるのを待っている人が結構いる。これはもう絶望的な状況である。また、生産的な役員を見つけることも難しい。役員を探す際の注意点を列挙しておく。

　まず、有名人を理由に役員を依頼しようという考え方だが、それには、賛成できない。

　一般的には、業界やエンターテイメント界の有名人を役員に迎えるのは、若

137

い企業にとって大きな資産になると信じられている。顧客や潜在的な投資家に信頼性をもたらすからだという考え方である。ごく稀に、そういうこともある。しかし、そのような有名人の場合、役員会に参加するだけで、会社の成功にかかわる実質的な問題のなんの手助けにもならないことが多い。たとえば、衆目を集めるような人物は、顧客の信頼を失うことを恐れる。そのため、製品の故障の可能性や、求められるレベルまできちんと保証されないような状況を認めたがらないことがある。さらに、役員会への出席が彼らの唯一の業務である場合は、役員会で積極的に議論を始めるかもしれない。そうなると、重要案件の迅速な決定などに支障が出るかもしれない。

別のよくある例は、将来の顧客やビジネスパートナーになる会社の CEO を招聘することである。これも問題を生ずる。

第一に、そういう人は自分自身の会社の運営に忙し過ぎて、あなたの会社に関する事柄に注力できないだろう。自社の事業で重大な問題が起きてしまえば、すべての意識はそちらに向いてしまう。第二に、すべての情報を共有することは、最良の取引条件を交渉するうえで有害なものになり得るので、ビジネス関係上の紛争が生じる可能性がある。

三番目に分類される問題として、まったく別の業界での経験を持つ年配の人に役員を依頼することが挙げられる。その危険とは、技術と産業に関する実践が非常に異なる時点で行われているのに、現在の活動をその視点から見ることである。そのような人々は、現状を反映していない意見を提示するので、役員会の活動を妨げかねない。

最近の経験が思い出される。世界をリードする自動車会社の前 CEO が、ソフトウェア会社の役員に招聘された。著名で優れた経営幹部として有名だったその CEO は、好奇心は旺盛だったが、ソフトウェア産業については無知だった。彼の質問は素晴しく、役員会も多くの時間を使ったが、内容を理解して答えを出したり、建設的なコメントすることはほとんどなかった。

大企業経験者の役員が、彼らの経験からはるかに離れた規模の若い会社に関する問題に直面すると、生産性が低下する恐れがある。旧 AT ＆ T 社や IBM 社で上級管理職を務めた役員と一緒だった時の例を紹介しよう。中小企業は大

企業よりも短時間で意思決定しなければならないため、確実性が低いことが多い。そうした事実に、彼は適応するのが困難だった。

最も生産的で独立心の強い役員会のメンバーとしては、あなたのベンチャーに近い業種の企業を構築した人々が向いている。これらの人々は、ビジネス発展の段階を理解し、経営陣にとって貴重な先導役になってくれるだろう。製品開発やマーケティングなどの分野での専門知識を持っていて、成長企業での勤務経験を持つ人々も役に立ってくれる。会社が成長していけば、あなたのベンチャーと同じような制限のある業種での財務的な経験を持つ人々は、非常に有用になる。

リード・インベスターと役員会の重要な役割
The Key Role of the Lead Investor and the Board

企業が直面する広範な問題を考えると、特に新しい会社が成長する中で、起業家チームと役員会が絶えず持ちつ持たれつの関係でいられることは期待できない。だからこそ、ベンチャーの重要な助言者であり指導者としてリード・インベスターが必要となるのである。彼らの役割は非常に重要である。成功している専門投資家であればすでに経験している多くの問題でも、起業家チームは解決のスキルを持っていないかもしれない。成功実績がある投資家は、投資先企業に大きな価値を提供することができるのである。

別の重要なサポート領域は、後の投資ラウンドでの成長のための資金調達としての増資である。新しい投資家は手がかりとしてリード・インベスターに目を向けるので、リード・インベスターの参加なくしてこれは困難である。新たな資金が必要であるにもかかわらず、リード・インベスターが参加する用意すらない状況であれば、危険信号の赤旗が上がるだろう。

リード・インベスターが負うべき重要責任のリストは長い。会社の危機的状況やビジネスの方向性を変えることが不可避である場合には、毎日の作業が必要となる。役員には受託責任があるものの、実質的な問題として、時々刻々と決定を下さなければならない状況で、急速に変化する問題に効果的に対処しようにも、グループとしての役員にはなす術がない。

139

基本的な戦略上の問題で不一致が生じた場合には、経営陣と少なくとも一部の役員との間に敵対的な関係が生じる可能性がある一方で、大半の役員は、会社を助けるために多大な熱意を傾けてくれるだろう。これは、経営陣とリード・インベスターは、役員会のメンバーに継続的に十分な情報を提供するために多大な努力を払わなければならないことを意味している。特に敵対的な状況が起きている場合にはなおさらである。

　覚えておいて欲しい、悪評は素早く伝播するということを。スマートな起業家は、役員に情報を提供し続けることで、適切な措置が必要になった場合に賢明な意思決定を行えるだけの確かな事実を与えるのである。経営陣と役員会の間の強固な信頼関係を確立するための、率直でタイムリーなコミュニケーションを取る大切さは、どんなに強調してもし過ぎることはない。

第 **7** 章

実行
Execution

あなたと同じアイデアを持つ人は、おそらく世界中に何百人も何千人
もいるだろう。あなたと彼らを大きく分けるとしたら、それは実行力
である。

ベンチャーが投資を受けて事業運営を始めた時が、現実世界への登場となる。そして、ついに実現した資金提供から生じる熱気に当てられて、将来に禍根を残しかねないような行動を取りがちである。企業の習慣や文化は驚くほど早く形成される。浮足立った最初の数年の間に、悪い先例が根付いてしまい、根絶やしにすることも元の状態に戻すこともできなくなってしまうものである。

最初の重要な決断は場所の選定
The First Crucial Decision : Choosing a Location

　新しい起業家の多くは認識していないが、最初に決めるべき重要事項は場所である。創業者からの距離、支援してくれるビジネスエコシステムからの距離、新しい雇用者からの距離、顧客からの距離、役員と投資家からの距離、そして、大量輸送へのアクセス、リースの期間と費用、環境の雰囲気…、これらを含むたくさんの要因が決め手となる。

　創業者や投資家には明確な好みがあることが多いが、ベンチャーは世界中のどこででもできるチャンスがある。ベンチャーの近くにいる投資家は、大いなる手助けをしてくれる。スタートしたばかりのベンチャーには特に有効である。彼らは起業家のネットワークを利用して、チームのメンバー、弁護士、財務および人事コンサルタントの採用を支援してくれる。近ければ、アドバイスやサポートを与えるために気軽に会社を訪問できるので、顧客やパートナーとの関係を構築するうえでの味方となってくれるであろう。

　ベンチャー・キャピタル企業が、カリフォルニアのベイエリアなどいくつかの地域に投資を集中させる傾向があることには、正当な理由がある。そのような地域では、若い技術企業を支援するためのインフラが高度に整備されているので、運用コストを削減して、生産的なスタートを早く切ることができる。また、優秀で経験豊かな才能を地元で採用できる。一般に、こうした魅力的な場所には優れた教育施設や大学があり、才能の源泉となっている。

　目には見えないが、"流れの中にいる"という非常に貴重な要素もある。ベイエリアのようなホットスポットでは、起業家とベンチャー・キャピタリスト

142

は、互いにネットワークを形成し、助け合い、アイデアを共有している。スピードと敏捷性は、スタートアップにとって根本的な利点である。才能ある人や企業への紹介が、数か月もかからずに、わずか数時間から数日で実現できるのである。競合他社や重要なイベントに関する知識が、自然かつ迅速にやってくる。朝食、昼食、夕食は、学びと関係構築の機会となるだろう。

　我々のベンチャーの一つが、ニューヨーク北部のトロイに会社を作った事例は、カリフォルニアとの違いが鮮明であった。起業家がその地域の GE 社の施設で働いていて、自宅を移転したくなかったため選択した街がトロイだったのだが、採用は困難をきわめた。それまでの経験からもわかってはいたが、現地の大学で訓練されたエンジニアを雇用することは可能でも、適切な経験を持つ高いクオリティの上級管理者を引き付けることは非常に困難だった。そういう人々は、仕事は喜んで受け入れたとしても、ニューヨークかボストンから毎週通勤したいと望んでいた。移住を選んだ人もいたが、その他の人たちにとって家族での引っ越しは選択肢になかった。

　我々には、同じような経験がある。サンディエゴからサンフランシスコへ通勤することになったが、結果としては、入社した多くの上級管理者が平日は会社の近くに留まり、週末に帰宅することになったのだ。これは、長期にわたる取り決めとしては満足できるものではなかった。そういう状況では、自分の仕事に生産的に専念する時間が短縮されてしまうし、家族から離れることで生まれる感情的な負担も避けられない。我々の実体験からすると、こういった取り決めは短期間の任務に招く時の条件である。

　もちろん、カリフォルニアは技術的な企業を築く唯一の場所ではなく、他の場所を選ぶ良い理由もあるだろう。多くの他の都市にも、魅力的な場所がある。たとえば、ニューイングランドの小さな町で有望なベンチャーが登場した時のことだが、その創業者と上級管理職は、小さなスタートアップチームをジョージア州アトランタに移転することにした。製品をそこに集中する製造業に対応させるためであった。この移転によって、同社を顧客や業界に携わる他のソフトウェア企業に近付けて、高いクオリティの人を引き寄せることにもなった。

　技術開発は広く分散してきているので、人材の採用場所について独断的で

143

あってはならない。若い企業ではリソースの集中は望ましいが、ある場所で製品開発を行い、CEOと他の組織は別の場所に配してもかまわない。たとえば、イスラエルの多くの企業ではイスラエルで技術開発を進め続けながら、幹部やその他の機能はカリフォルニア、ボストン、ニューヨークなどに移転している。

もし目標が買収であるならば、"場所"が会社の価値に影響を与える可能性がある。買収者は事業全体を評価するが、なかでもチームを最も重視する。チームが広く分散している場合、買収者は従業員を効果的に会社に統合できるかどうか大きな懸念を抱く。

最終的な場所の選択を行う時、コストパフォーマンスの良い地区を選ぶというのは大前提だが、その先の2年から3年の運営に十分な場所が不可欠である。そして、その地区は魅力的でなければならない。粗末な地区だと、採用の可能性のある人たちや顧客を遠ざけてしまうだろう。

財務管理
Financial Management

野心的な企業の多くは、要所要所で資本投資を求める。ベンチャーが利益を出す前や収益性の向上のため、あるいは、成長を加速させるための資金である。投資家からの資金を活用することで、投資や収益性を次の段階に到達させることができる。急速に成長している会社の起業家は、シードからA、Bさらにその先のラウンドのために、新規投資家と次の資金調達をつねに準備している。課題は、新規投資家にとって魅力的な指標を達成することで、次のラウンドの資金調達を実現することである。したがって、そういった指標を達成するための時間とリソースをチームに与えるために、現金を節約することが不可欠になる。結果として、すべてのベンチャーにとって最も重要な二つの指標は、バーン・レート（毎月の利用可能な現金の利用率：資金使用率）とランウェイ（利用可能な現金の残存月数）になる。

少なくとも初期の段階では、収益性は大きな目標ではないと主張する一派がある。それには同意できない。もちろん、成長への投資は重要な必要条件だが、

144

財務上の可能性を追求し、それに従って内部投資のバランスを取る必要がある。その可能性というのは、直近の未来を築くための現金を生み出す事業を作ることであり、目的に到達するための目標として、つねに留意しなければならない。

　スリムであれ。不動産を買うより、賃貸か借地が良い。恒久社員は組織の根幹ではあるが、限られた期間に必要な人々は契約者として採用すべきである。あるいは、実績に見合った報酬でも良いだろう。成功までに必要となる現金ランウェイをベンチャーに与えるために、可能な限り固定費を避けるべきである。どのベンチャーにとってもきわめて重大な過ちは、現金を使い果たすことである。

組織作り
Building the Organization

　会社をスタートするということは、計画段階の仲間意識から運営段階のストレスへの移行を意味する。そのため、この移行は困難を伴う。というのは、チームの初期メンバーは、現在の活動の有効性が監視され、CEO と先見性のあるリーダーが、実際の上司になる環境に置かれていることに気付くからである。

　最初から、組織構造を定義する必要がある（状況によって変わることもあるが）。責任が明確に定義されていなければ、人々に責任を持たせることは不可能だからだ。つまり、責任と期日に沿った指揮命令系統を定義する必要があるということだが、移行期はつねに痛みを伴うものである。スタートのチームは家族のように感じていたとしても、役割の定義が不明確なまま新しい人が加わると混乱が生じることは明らかである。

　我々は、30 名もの社員が CEO への報告を義務付けられている、若い会社を見てきた。それは、誰も管理されていないか、CEO が神業ともいえるすごい管理能力を持っているということである。通常であれば、一人の管理者への報告が 7 名〜 8 名を超えるのは多すぎる。

　また、曖昧だったり重複がある組織や、一部のチームメンバーのエゴを満たすために役割が分担されている組織も見てきた。こういった問題は、ほとんど

の場合、製品化と事業目標への到達の遅れを生じさせるのみならず、チームに摩擦を生じさせる。

一部の賢明な組織では、製品開発やマーケティングのような重要な活動は密接に連繋していて、CEOがその会社を前進させるための問題解決に注力できる環境を確実に作っている。CEOはオフィスのレイアウトや管理業務を心配するのではなく、そういうことに関する運営能力がある人を探すべきである。

製品管理
Product Management

ビジネスを立ち上げた時点で、未来の計画に思いを馳せるという始まりの頃のきらびやかな時間は終わる。そして今や、財務目標を達成する製品の生産、つまり収益性の達成へと目標を方向転換しなければならない。そうすれば、資金が底をつくという絶えざる恐怖から逃れることができる。

その方向転換の成功が、勝者と敗者を分ける。うまく運営されていない組織の製品は夢想ばかりで、実際には製品を提供しそこなう。何度も繰り返されてきた失敗の理由は、製品管理にある。成功が見込める製品を、適切な市場に、適切な時期に提供することが目標でなければならない。

製品関連の用語はきちんと定義しないまま、一般的に使用されている。そこで、**表7-1**でそれらの役割を明確にしておく。このような規律は、最初から決めておかなければならない。それをうまくやれるかどうかが、会社の成功と失敗の分かれ道となる。

製品を市場に出すプロセスは、何をどう作るのかという定義から始まる（製品管理）。製品マーケティングでは、販売方法を定義し、プロジェクト管理はプロジェクトの実行方法を定義する。三つの役割がすべてきちんと決められていて、管理者同士が責任を持って協力していなければ、成功を収められる製品だとしても日の目は見ない。顧客が望まないか、高価すぎるか、顧客が購入しようと思っている期間内に間に合わないかである。このような規律のとれた製品開発アプローチは、創造性や新しいアイデアでの試作品製作などを妨げると

146

第7章　実行
Execution

表7-1　製品、プロジェクト管理の内容の明確化

製品管理	製品マーケティング	プロジェクト管理
何をどう作るか確認する	最善の販売方法を確認する	プロジェクトや契約の完遂に最適な方法を確認する
事業として成立することを担保する	顧客と市場から事業として成立することを担保する	プロジェクトが設計通りに実行されることを担保する
ソリューションが顧客のニーズにどのように適合しているかを分析する	市場の構成と影響要因を分析する	技術的内容について同意することでリスクを緩和し、係争を解決する
一つ以上の製品のリリースのロードマップを定義して、その中から取捨選択する	顧客ニーズを理解する	商業的なプロジェクトにおけるビジネスと顧客に関する責任を引き受ける
製品やソリューションのすべての面での責任を明確化する（バリューチェーン：価値連鎖）	内容と機能を価値提案として伝達する	ビジネスモデルに最適なプロセスを選択する
ライフサイクルを通してさまざまな役割のチームをリードする	営業とマーケティングのためのプロジェクト計画を推進する。営業と密接に協力して導入を確実にする	共通の目標を達成するために、技術・サプライヤー・サービスなどのさまざまなチームを率いる
勝者となった結果、CEOの記憶に深く留められる	市場の勝者となる	実現して勝者となる

出典：Christof Ebert, "Software Product Management," IEEE Software (May–June 2014)：22, www.computer.org/software .

いった類いのものでは決してない。むしろ、決められた枠内なら思い切った製品投資をしてもかまわないということである。

早期顧客と早期収益
Early Customers and Early Revenues

顧客が、製品を買ってあげるよと言うことと、実際に製品のために小

147

切手を切ることには、雲泥の差がある。

　ビジネスプランを書く段階から、実際に製品を市場に投入するまでには、数年を要する。市場に参入することで、戦術や戦略の大幅な変更が必要な新しい状況が明らかになる。第1章で述べたように、度重なる方向転換は決して良い選択ではないが、会社の存続を脅かすような変化に直面した時には、柔軟性と適応能力が必要となる。

　よく練られたビジネスプランは、顧客と市場へのチャンネルを明らかにしてくれる。また、最初の製品やサービスが対象とする、橋頭堡（上陸拠点）市場、またはベースキャンプも識別してくれる。表に出るのが時期尚早だったり、未知の競合相手に情報を提供するというリスクがあったとしても、その瞬間が市場参入の時である。選択の余地はない。市況が大幅に変わってしまったため、早期の事業計画における仮定に誤りが出たとわかったら、まちがった製品開発に多額の資金を費さないように、素早い変更が必要である。

　特殊な条件を出してきた数社の大口顧客限定の、カスタム製品ベンダーになってしまうという罠には気をつけて欲しい。ある製造管理ソフトウェア製品を開発したスタートアップの事例だが、当初のアイデアは、中規模の顧客向けに、簡単に実装して使用できる汎用ソフトウェアをソリューションとして提供するというものであった。しかし、市場価格が低すぎて販売原価に見合わないことがわかったため、同社の経営陣は大規模な顧客を探し、より大きな価格の値札をつけてソフトウェアを販売することに決めた。最初に見つかった顧客は米国トヨタであった。トヨタが望んでいたソリューションは自動車製造業には最適だったものの、他の製造業向きではなかったという点を除いては、この戦略は卓越したものと思われた。そして、他の多くの顧客は使わないトヨタ向けのカスタムソリューションを開発していくことになる。

　これは、製品管理の失敗に関する冷徹な教訓であった。その会社はこれを導入事例としたため、すべての大企業から独自性が求められ、ソリューションの開発コストが自分たちの収益を超えてしまうことになってしまった。最終的には、収益が増加するにつれて開発コストもうなぎ登りとなり、損失が増加した。

同様の理由から、多くの投資家は政府を主要顧客と考えるベンチャーも避けようとする。そういうベンチャーもまた単一に顧客に依存し過ぎる傾向があるし、そして政府の動きは非常に遅いことが多い。政府の場合は、急激な成長と規模を拡大する方向ではなく、収入と収益を一定のレベルにするように指示することが往々にして起こる。単一の顧客に長期にわたり頼るのではなく、段階的に顧客基盤を構築することが賢明なやり方である。

新しく魅力的な市場というのは、一夜のうちに、あるいはスタートアップが喜ぶほど早く成長するものではない。ゆっくりと発展する市場で生き残っていくには、巧妙さが必要である。たとえば、サンディスク社がフラッシュメモリー技術を開発した時に、予測した大規模マーケットは消費者向けデジタルカメラであったが、その市場が出現するのは遅かった。その間のことを、創業者で最初の CEO であったエリ・ハラリは、「我々は、当社製品のあらゆる規模の顧客を見つけるため、可能な限りの市場を開拓していった。投資家は、製品ビジョンの価値の高さを早期に証明できないことに、不安を抱いていた」[1] と記している。そのような遅い立ち上がり期間を乗り切るには、確信、財政規律、卓越した才能を必要とするが、乗り切った暁には見返りがあるだろう。

魅惑的な企業協力への注意点
Beware of Beguiling Corporate Partnerships

野心的なビジネスアイデアは、必然的に大企業との関係を生じさせる。国際的な事業の場合には、そういう関係が非常に重要となる可能性が高い。不可避ながら価値がある企業関係というのは、避けるよりもむしろ、それらの管理を学ぶべきである。

大手企業が若い新興企業を無視できる時期というのは、彼らの地位が脆弱ではないという自信がある間である。たとえば、旧 AT&T 社という独占企業は、事業に影響を与えるようなスタートアップについて、心配する必要はなかった。

しかし、この状況は変わった。技術は急速に変化し、すべての企業が絶えず警戒をしている。企業の多くが「事業開発部門」なるものを維持しているのは、

149

自社を脅かしたり独自の足跡を増やしているような若い企業に関して、競争上の脅威を評価し、関係構築や買収を上申するためである。

　素晴らしいアイデアとともに優れた経営陣を育成すると、大手企業からの注目を集めてしまう可能性は高い。その場合の疑似餌として出されるのは、製品情報の共有や流通関係の確立、あるいは直接投資かもしれない。そして、企業の情報や技術にアクセスされてしまうのである。

　そういう餌がちらついている時は、慎重の中にも慎重であれと強く言いたい。大企業は時として、曖昧な約束で若い会社から搾取することがある。新しいベンチャーが現金や時間、経営資源を投入する一方で、大企業は市場アクセスや決して実現しない主要な収益契約など、将来の利益を約束する。大企業にとっての妙味は、新技術や競争に加わる可能性を学ぶことであって、実際に確固たる財政的な契約を結ぶことはまずないだろう。この種の関係は、新しいベンチャーの資源を急激に枯渇させ、主な市場と製品から遠ざかることになりかねない。

　我々が経験したスタートアップの事例で考えてみよう。そこは、プリント回路基板上に、より高密度に部品を実装した製品、たとえば携帯電話などを構築するための革新的で新しい化学的な金属被覆技術を市場に投入していた。アップル社のような主要ベンダー向けの製品を製造する請負業者は、この技術を利用したいと強く思うはずだと考えたのである。事実、そういった製造請負業者は強い関心を示して、技術的な価値を実証するためのサンプルを延々と求め続けたが、やり遂げられた仕事への資金提供に同意するつもりはなかった。支払いの問題が起きた時の答えはつねに、まだ試行中であり、満足のいくテストが完了した時に資金提供の契約を行うというものであった。最終的にはそのサンプルによってきちんと成果が出て、製造請負業者から投資の申し入れがされるのだが、それが新たなベンチャー成功への道筋の唯一の鍵を握ったと考えると、ばかばかしいほど小規模な提案額であった。そのような状況で、若い企業が毅然としていることは難しい。いくつかの無償の仕事を断ることで、大きな機会を失って良いものか誰が判断できるであろうか。

　端的に言うと、市場開発に投資するための資源が限られている中では、相手

第 7 章　実行

Execution

の企業が実質的な潜在顧客なのか、単に学習モードなのかを経営陣が判断することが重要なのである。価値提案が魅力的であれば、コストは大企業が負担すべきである。そういう世間のあり方を知らない人が、数十億ドル規模での企業学習を経験してしまうのである。

　一部の企業関係は非常に価値あるものになり得るが、それはベンチャー側に支配力がある場合に限る。たとえばサンディスク社は、東芝と日本におけるビジネス関係を確立したことで、他の多くの大手企業との製造上の相互協力やライセンス契約を行うことになった。サンディスク社は二つの手法で利益を出した。一つが、他社への制限付きライセンス供与での利潤であり、二つめが合意できる条件で製造施設へのアクセスを得ることでの恩恵である。しかし、こういった関係では、複数のパートナーがお互いに対抗する可能性がある。サンディスク社の場合は、時間をかけた試験に立脚した幅広い特許を持っていたため、法的な争いを回避することができたのである。

偶然の幸運の余地を残す
Leave Room for Serendipity

　世界は急速に変化しているため、世界最高の計画だと思っていたものが実用的でなくなってしまうかもしれない。一方で、古いものが消滅するやいなや、さらに優れた新しい機会が生じるかもしれない。

　レベルワン・コミュニケーションズ社は、高速データ通信に同軸ケーブルが必要な時代に、既存の銅線の電話回線で 1 メガビット／秒でデータを伝送するという画期的なチップ技術に基づいて、1987 年に設立された。同社はロバート・ペッパー（Robert Pepper）によって創設されたのだが、優れた管理者であり技術者だった彼は、その後、素晴しい CEO となった。その価値提案は、銅線の電話回線で高速デジタルデータを転送するインフラが、同軸ケーブルを使用するよりもずっと安価にできることに立脚していた。

　欠落していたのは、市場への参入のポイントであった。というのは、レベルワン・コミュニケーションズ社は完全な通信製品ではなくチップ技術を提供し

151

ていたからである。そのため、同社はいくつかの顧客と協力することで、その技術をネットワーク製品に実装することにした。IBM との契約では、LAN（Local Area Networks）でレベルワン・コミュニケーションズ社のソリューションを実装することになったのだが、業界の顧客による採用が遅かったため失望に終わった。実際、IBM は同社の唯一の収益源であったチップ開発契約をキャンセルした。これまで述べてきたように、これは新市場では驚くべきことではない。しかし、優れた実行力と正しい技術認識によって、ハッピーエンドにつながったのである。

1990 年にレベルワン・コミュニケーションズ社の資金が底をつきかけたころ、既存の銅線の電話回線で 10 メガビット／秒のデータ転送を実現する新しいイーサネット業界標準が登場した。同社は、世界を変革するような巨大な新市場を開拓するために、最善の技術とウォーバーグ・ピンカス社からの資金提供をすでに準備していたのである。レベルワン・コミュニケーションズ社は、革新的チップの製造と販売に向けた開発とマーケティングの取り組みに焦点を当てた。最終的には、世界で生産されたほとんどのコンピュータに採用されることになる。業界標準化が設定された後、装置産業が地域の配線に銅線を採用したために、爆発的な成長につながった。忍耐は報われた。レベルワン・コミュニケーションズ社は、イーサネットチップ事業と関連製品の業界リーダーとして浮上した。その後、株式公開を行い、1999 年にはインテル社に 22 億ドルで買収された。

本書を書き進める中で、我々は新しいビジネス基盤の計画と確立に注目してきた。そんな困難な航行を乗り切るには、挑戦なくしてあり得ない。そして、その困難を乗り切れないようなベンチャーには、未来が訪れるわけがないのである。しかし、多くの場合は立ち上げの段階までいくものの、よくあるまちがいで前進を阻まれる。そのまちがいの多くは避けられるものなので、次章で見ていこう。

第**8**章

スタートアップの
５つの致命的なまちがい
Five Fatal Mistakes of Start-Ups

－ベンチャー共通の致命傷は避けることができる－

あまり信頼できる統計ではないのだが、アメリカでは年間平均で5万社がシードまたはエンジェル投資を受けていると推定される。そのうちの数千社は、プロのベンチャー・キャピタリストによって資金提供されている。毎年、船出するベンチャーのうちで、数百社が投資家に大きな利益をもたらし、さらにそのいくつかが商業的に大きな影響を与える能力を持つ。他にも多くの会社が財政的な見返りを得られるだろうが、夢を実現するまでにはいたらない。

　スタートアップが陥る失敗にはいくつかの理由がある。スタートアップの息の根を止めてしまう不可避なできごともあるが、避けられる誤りもある。不可避なこととしては、主要な創業者の喪失や、製品の必要性を無にするような予期せぬ政府の動きなどがある。我々の経験ではそのようなケースは稀であり、避け得る誤りが、ベンチャーが共通して陥りやすい致命傷である。

　回避可能な誤りを、ざっくりと5つのカテゴリに分類した。

- 顧客を理解していない。
- CEO が不適任。
- 財務管理の誤り。
- 自信過剰。
- 将来の業界動向を予測できない。

　こういった誤りをタイミングよく見つけられたら、修正も可能である。スタートアップにまちがっていられる余裕などない。

致命的な過ち1：顧客を理解していない
Fatal Mistake 1: Failing to Know Your Customer

　細心の注意を払って作成された価値提案と事業計画であっても、前提は顧客とその購入行動になる。しかし、この仮定は最良の場合の仮説でしかない。多くの顧客と話すことで確信を得たかもしれないが、話だけでは不十分である。第1章で述べたように、リーダーシップをとるチームには、顧客とそのエコシ

ステムに関する深い知識と経験が不可欠である。パケットホップ社
（PacketHop）と呼ばれる SRI からのスピンアウトの不幸な事例がある。

2001 年 9 月 11 日、ワールドトレードセンターのツインタワーが攻撃された
時に 343 名の消防士が死亡した。消防士たちは、何千人もの命を救うために階
段を上っていった。しかし、火災によってインターネットを含むすべての通信
が途絶したため、彼らとビルの外にあったベース基地との間でコミュニケー
ションが取れなかった。それが、彼らが亡くなった理由の一つだとされている。
彼らには、"降りて戻って来い！"という命令が届かなかったのである。

SRI の研究者は、コミュニケーションを維持できる別の方法があるはずだと
考えた。それは、消防士がタワーを上っていくような時に、それぞれの携帯機
器から携帯機器へ情報（packet）が跳ぶ（hop）ようなワイヤレスのネットワー
クを作るというものであった。いわばインターネットの局所的限定版が、彼ら
とともに階段を駆け上がっていくようなことであった。社名は、その "Packet
（情報）が Hop（跳ぶ）" が由来である。

まったく別の目的で政府からの資金投下によって開発された、モバイル・ア
ドホック・ネットワーク※と呼ばれる技術の多くが、ここにも適用された。パ
ケットホップ社には、優れたチームと、メイフィールド・ファンド社（Mayfield
Fund）と US ベンチャー・パートナーズ社（US Venture Partners）という第
一級の投資家がいた。また、重大な問題点をはらんだ公共安全に関する潜在的
な巨大市場があることを、理論上ながら確認していた。さらに、有望な顧客と
の話し合いから、彼らが興味を持っていることも確認していた。政府もまた、
消防隊員と最初の応対者の間でシームレスに通信できるように、通信設備の
アップグレードのための数十億ドルの設備投資を予定していた。

携帯端末市場の一部は、モトローラ社（Motorola）が実質的に支配していた。
それは、端末とソフトウェアをクローズ・システムにするというもので、モト
ローラ社製以外のデバイス間の相互運用性を実現することは困難あるいは不可

※モバイル・アドホック・ネットワーク
スマートフォンやノートパソコンなど、ネットワーク接続できる携帯端末だけで構成されるネットワー
ク。アクセスポイントや基地局などに依存しない自立的な携帯機器用分散型ネットワークのこと。

能であった。そこでパケットホップ社は、出始めだったスマートフォンを含む多数の端末上で動作するソフトウェアシステムを提案することで、モトローラ社が支配する牙城を崩そうとした。それにより、従来の市場を崩壊させて、新しくてオープンな低コストシステムを作ろうとしたのだ。これは、大きなビジョンであった。

しかし、パケットホップ社が最初にターゲットとした緊急時の応対者は、必然的に保守的な顧客だった。モトローラ社などのよく知られているブランドから、スタートアップの製品に移行することには消極的だった。

シームレスで低コストな新システムを構築することにどんなに価値があったとしても、顧客は、長年にわたって築いてきた関係を維持することにこだわった。どの地域コミュニティも、どの第一応対者グループも、どの街でも、予算管理者は費用の承認を得る必要がある。そのため、販売サイクルは非常に長く、市場到達までのコストは非常に高いものとなる。実証実験を求めた意識の高い都市もいくつか出てきたものの、まったく新しいソリューションを購入するまでにはいたらなかった。

それ以外にも根本的な問題があった。資金は、地域コミュニティからの要望に合わせて州から与えられるのだが、その州の資金は連邦政府から配分されるものであった。ところが、地域からの要望としては、新しいタイプの通信に対する必要性は、新しい消防自動車などの優先順位より低かったのである。

販売までこぎつけることができなかったため、パケットホップ社は予定していた事業到達点に届かず、ベンチャー・キャピタリストは資金調達を続ける意思をなくしてしまった。しかし投資家は、これが世界に大きな影響を与え得る偉大な技術であることは認めていた。そこで、将来的にはこの技術を展開できるはずだという期待を込めて、SRIに技術ライセンスを供与することに喜んで同意してくれた。

我々は、第2章で触れたフレームワークを踏襲して、主要な市場の問題点を特定し、多くの顧客の声を聞き、優れた価値提案を構築した。それなのに、何をまちがえたのであろうか。

それは、その分野における顧客とエコシステムに関する、チームの認識不足

第 8 章　スタートアップの 5 つの致命的なまちがい
Five Fatal Mistakes of Start-Ups

であった。新しいシステムを採用することへの不本意な思いや難しさ、あるいは政府からの資金を利用する場合の優先順位を完全に把握していなかったのである。

致命的な過ち 2：CEO が不適任
Fatal Mistake 2: Keeping the Wrong CEO

　もしあなたが CEO であるならば、自らの能力と限界を理解する必要がある。優れた会社を創業したとしても、会社の成長のすべての段階で経営していく能力があるかどうかはわからない。この自己認識によって、会社の成否が分かれるし、自分自身の財政的な報酬も決まる。会社を他の CEO に移行したとしても、それを失敗とみなされることはほとんどない。それどころか、まだ既得の株式も所有しているし、築き上げてきた価値も保たれたままである。会社は成功と成長を続けるだろうし、役員や顧問などの別の役職を務めることもあるだろう。あなたの能力には敬意と高い評価が与えられ、最も適任な段階の CEO としていくつもの企業の将来を託されるかもしれない。我々は、多くの優れた CEO を知っている。初期段階の企業に最適な人や、その環境に幸せを感じる人。あるいは、企業をより大きな段階に成長させることに関心や感動がないので、そういう CEO になる意思がない人もいた。

　CEO の主な失敗は、初期のスタートアップの自由な雰囲気から、より大きくより体系化された組織への移行の中で最も頻繁に発生する。幸せな家族のように感じる会社で働くことは素晴らしいが、会社の成長に伴ってすぐに到達してしまう限界がある。ある起業家はビジネスビジョンの開発に熟練していても、いざ実行となると、障害に直面しているチームを管理して、成長させるだけの才能を持ち合わせていないこともある。

　もしこれがあなたの会社が抱えている問題だとすれば、そうした徴候は投資家にも伝わる。その理由をしっかりと理解している幹部がいなければ、会社は事業目標に達することはできない。従業員の士気は下がり、有能な人は会社を去る。チームは、ビジネスを適切な方向に向けるための説明と行動をあなたに尋ねるだ

ろう。明らかなのは方向性の欠如である。ダイナミックなリーダーシップを欠き、当初の熱意が経営陣に対する信頼の喪失に置き換えられてしまう。そういう状態が続くと、非常に危険である。永続する士気の低下は、生産性の悪化と有能な人の離脱につながり、ビジネスの失敗という負のスパイラルに陥る。

　重要な案件を処理する能力がないことを自認しているCEOは滅多にいない。その場合、それを実施するのは役員会の役割である。事実、役員会の最も重要な役割はCEOの雇用と解雇である。CEOがその役職に相応しくない場合、誤った方向の計画や製品に時間と資金が費やされてしまう。

　役員会の責任は、問題の根本的な原因を特定して対処することである。リーダーシップの機能不全が問題であれば、その問題に対処できないことが、ベンチャーの唯一の、そして最も重大な失敗の原因となる。

致命的な過ち 3 ：財務管理の誤り

Fatal Mistake 3: Mismanaging Finances

　　　スタートアップに加わってみて華美な環境が見えたなら、後ろを向いて立ち去るべきである。

　スタートアップは稼ぎよりも費用がかさんでしまうことが多いが、投資を増やせないまま資金がなくなるのは致命傷である。前述のように、ベンチャーの最も重要な二つの指標は、利用できる現金の量とバーン・レート（資金使用率）である。3か月から6か月で資金が底をつくような状況であれば、きわめて危険である。

　最初の資金調達がかなった時、投資家と自分のチームに大きなチャンスが訪れて、成功を収めるベンチャーを構築していると確信したことだろう。投資家は明確な事業の到達点を求めるが、それはそれぞれの達成点における成果によって投資を決めるからである。たとえば、エンジェルまたはシード・ラウンドの投資家は、チーム形成や製品開発のためにベンチャーへ資金提供する。そ

158

第8章　スタートアップの5つの致命的なまちがい

Five Fatal Mistakes of Start-Ups

れに続く A ラウンドの投資家は、収益につながる製品や市場開発などのために投資する。結果として、提供された資金でそれぞれの事業到達点に達することが課題となる。合意していた到達点に行き着くまで現金管理ができないと、新たな資金源を見つけることはほとんど不可能になる。

　ベンチャーが資金を浪費する共通したいくつかの事例がある。

早々とスタッフを雇う

Hiring Staff Prematurely

　共通する過ちに、スキルと生産性に関するニーズを的確に評価する前から、早まって雇用してしまうことがある。収益の確保を急ぐあまり、雇用をまちがうというのはよくあることだ。特に、販売とマーケティングの機能を混同してしまっている時に起こりやすい。最も多いのが、売るべき製品がないのに雇い入れてしまうという、販売業務部門で起こる採用過多である。最終的には、強力な販売組織は必要となる。しかし、早い時期には、可能性のある顧客と仕事をする技術的な専門知識を有する市場開拓者が必要である。

　我々が見てきた中には、販売拠点を設置して高給取りの人員を配したものの、製品が準備できなかったために、彼らの存在にはなんら価値を見出せなかったという企業もある。

　ライコム社（Licom）がそういうケースであった。この会社は、新しい通信機器製品を発表したのだが、いくつかの大手通信会社による長期にわたるテストを受けなければならなかった。そういう製品では、市場の準備状況を把握することがマーケティングの適切な役割になる。一方、技術的な素養のない販売担当者は余剰でしかなかった。彼らの給与は固定給プラス歩合であったが、在籍していた数か月の間に販売が成立することはなく、彼らは離職した。なんら価値を生み出すことなく、資金と時間を浪費した。これは、最初から予見できたことであった。

159

最良の人だけ残す

Keep Only the Best

初期のベンチャーのほとんどは形式張らない雰囲気であり、従業員の業績を表立って監視することなどほとんどない。少人数の従業員で始めたスタートアップ、それも過去に一緒に働いた人たちであれば、困難なプロジェクトを完遂する助けとなる知識と相互信頼を共有しているだろう。しかし、企業が成長する間もずっと形式張らない雰囲気が続くと、能力の低い人々が勝手に重大な損害を出してしまうだろう。一方で、見知らぬ人たちのチームであれば一緒に働くことを学ぶ必要があるため、ベンチャーでも正式な業績評価制度を設けなければならない。また、おそらくは最初の経験として経営責任を任せられる人々は、訓練を受けるべきである。気に入らないかもしれないが、考えているより早く取りかかる必要がある。

拙劣な製品管理

Poor Product Management

マーケティング部門と製品開発部門間の調整不足は、製品の完成を難しくする。さらに悪いことに、まちがった顧客をターゲットにすると最初の製品もまちがった選択をすることになり、時間も資金も浪費してしまう。また、製品の機能や予期せぬ技術問題、製品完成までに必要な時間などを誤判断すると、予想通りに準備できなくなってしまう。

さらに、正当な理由もなしに"まだ十分ではない"と信じるあまり、市場への製品投入を難しくすることがある。その結果、絶えざる技術的なやり直しを無駄に続けることになる。こういった問題は、一つか二つの顧客からの要求に起因するものがほとんどで、より広範な市場ニーズから注意をそらされてしまうことになる。

まちがったパートナー

The Wrong Partners

前述のように、エキサイティングな新技術を持つ若い企業は、既存の企業と

第8章　スタートアップの5つの致命的なまちがい

Five Fatal Mistakes of Start-Ups

協力する機会が多く出てくる。そのような協力関係がどうなったとしても、経営陣は大きな関心を寄せざるを得ない。そういう関係がもっと有望な活動への集中を妨げることになり、生産的な仕事を犠牲にすることがあるからだ。

製品の原価計算の誤り

Erroneous Cost Accounting of Products

　我々は、明確な財務的思考の重要性について言及してきた。それは重要でありながらしばしば無視されるため、再び触れておく。

　収益を求めていながら正確な原価計算ができない場合、ベンチャーは顧客基盤を構築していると信じているが、最後には顧客に助成金を支給するだけで終わる。

　明確な原価計算をせずに事業を運営するなどばかげていて、そんなことはあるはずがないと思うかもしれない。ところが、実際に起こり得るし、起こっているのである。資金調達を求めに来たソフトウェア会社の事例を紹介しよう。同社は優れた製品を作り、1億ドルの年間収入を得ていた。驚くことに、収入の年率が30％も伸びたにもかかわらず、収益を上げられなかったのである。年間の事業損失は2,000万ドルを超え、収益の増加とともに損失も拡大した。そのような有望な企業が、どうすれば財政的な困窮に陥るのだろうか。

　我々が、詳しく原価計算を見ていくと、その誤りが明確になっていった。そもそも、会計をまちがっていたのである。売上総利益率は80％となっていてソフトウェア会社にとってはかなり妥当だったが、実際の製品コストは販売価格の約110％だった。なぜなのか。それは、販売する度に、技術的なカスタマイズや製品のインストールサービス、顧客のためのトレーニングなどで、巨額な負担がかかっていたからだ。これらの費用は、"マーケティング"や"研究開発費"という項目のもとに隠されていて、役員会にもそのように報告されていたのである。

　同社のビジネスモデルでは、存続できないことは明らかであった。製品は原価割れで売られ、大半の技術者はインストールなど顧客のサポート作業に携わっていて、製品開発も行われていなかったし、投資家は、それを認識してい

161

なかったし、収入が増えるにつれて、損失も増加することになってしまった。価格体系を変えるか、事業を辞めるかしかないことは明らかだった。

致命的な過ち4：自信過剰
Fatal Mistake 4: Being Overconfident

　　　企業が傲慢で、自信過剰で、独りよがりになると、ほとんど失敗する。協会や個人も同じである。それはあたかも、そういう存在が死ぬことで次世代のための余裕が生まれるという、自然の摂理のようなものである。

　うまくいっていると思われる時に、なぜ変わらなければいけない？
　なぜなら、そういう考え方を持つ組織は活気がなく官僚的であり、従業員は顧客サービスよりも、社内の構造や地位、駆け引きにより注意を払う傾向があるからである。
　早期の急速な成功は良いことではある。しかし、それが自信過剰につながれば話は別で、ベンチャー企業の場合は競争や市場ニーズの変化を無視することにつながってしまう。チームは自分たちは無敵だと感じ始める。そうこうしているうちに、予想外のところから競合が出現するという苦々しい驚きが起きて、会社が膠着していく。自信過剰なベンチャーは、既存製品に悪影響を与える恐れがあるという理由や、現場からの必要ないという声で、新製品の開発を回避する。その結果、わずかな製品改善だけが毎日の役割になってしまうのである。
　解決策はあるのか。それは、病的なほど疑い深くあることである。市場の地位を得るのがどんどん難しくなる状況でビジネスを支配するには、偏執さを持ち続けることが必要なのである。

162

第8章　スタートアップの5つの致命的なまちがい

Five Fatal Mistakes of Start-Ups

致命的な過ち5：将来の業界動向を予測できない

Fatal Mistake 5: Failing to Anticipate Future Industry Developments

　ビジネスは、自らが属する環境の影響から逃れられない。業界の行く末が良いか悪いか予測するには、チームに予言的な力が必要だということではない。ベンチャーに影響を与えそうな傾向を、歴史から学ばなければならないということである。そういう傾向には、かつて独占的と考えられていた製品のコモディティ化※、ベンダーの統合、業界製品と標準的なサービスの重要性の増加などがある。そしてもちろん、新技術の影響も含まれる。ベンチャーが開始された時にはまだ始ったばかりだったかもしれない新技術の影響が、予想より早く大きくなる可能性がある。

　これらを順に検討しよう。

厳しい価格圧力を生み出すコモディディ製品になる

Products Become Commodities Creating Intense Price Pressure

　大市場を狙って成功した製品とサービスは、競争を招く。ビジネスプランニングに重要な要素は、競争力を維持しながら進化を続ける道筋を計画することである。

　特定の市場分野は、特に価格競争の影響を受けやすい。太陽電池の例を考えてみよう。太陽電池の価値提案が化石燃料の代替エネルギーであることは明確であり、よく知られていることでもある。しかし、価値提案の重要な要素にセル※のコストがあるため、多くのスタートアップが、劇的なコスト削減を請け負う新技術を使用して太陽電池を製造することに注力してきた。基本的な前提は、製造規模とコスト削減を表す曲線が予測可能であることである。

※コモディティ化
類似する製品の品質や機能、形状などに差がなくなり、価格や購入しやすさで選ばれるようになること。高付加価値商品の一般化。ありきたり化。
※セル
太陽電池の基本単位となる太陽電池素子。

163

そういった計画がほとんど考慮していない点として挙げられるのが、コスト削減が実現しない場合、低コストの工場を持つ競合他社が登場したり、政府機関のようなスポンサーが損失を生み出す工場に助成するといった状況である。

ニッチ企業を脅かす急速な業界統合
Rapid Industry Consolidation Threatens Niche Companies

大市場における小さなニッチ企業には、生き残って価値を創造していくための積極的なビジネスプランが求められる。ベンチャーの基礎となった市場機会とともに成長を続けるか、売却ができない限り、早晩死滅する。いくつかの会社は、市場の力学を理解できないがために、自分たちの価値提案をまねしながら、もっと安価により良いものを実現しようとするアグレッシブな企業が出てきた時に、終わりを迎える。

技術会社の歴史は、より洗練された新製品開発にかかるコストに加えて、広範なマーケティングに起因する冷徹な合併の歴史でもある。新しいベンチャーを立ち上げるということは、ビジネスの規模が競争する位置にどのような影響を与えるかを予測することでもある[1]。

ある時点で、企業は次のいずれかの選択をしなければならない。なお、そのタイミングに関しては、第9章で述べる。

- 市場の地位を高めるための他社の買収や他社との合併。
- 資本資源と経営陣の統合が約束された他社からの買収。
- 積極的な成長のための投資資金を得るために、発展中のある時点で実施するIPO。

業界標準が製品をすたれさせる
Industry Standards Obsolete Products

若い企業が新製品に向けられるリソースは限られている。いったん、一定の路線に沿って始めてしまうと、そこから大きく逸脱するには、新しい技術や人材、資金が必要となる。

164

第8章　スタートアップの5つの致命的なまちがい

Five Fatal Mistakes of Start-Ups

1980年代、ライコム社はある標準規格をもとにして、電気通信機器の市場に参入した。その後、同社の製品が準拠していない新たな標準規格が登場すると、一夜にして製品がすたれてしまったのである。

問題は標準規格の変更ではなく、会社の経営陣が新しい標準規格の出現を予期していなかったことにある。実際には、この変更は業界団体で議論されていたのだが、経営陣はそれが迅速に適応されるとは考えていなかった。その見誤りが、会社に損失を与えた。会社には再びやり直すリソースはなかったし、投資家も再投資するだけの信頼を持てなかった。

新技術への対応の失敗

Failure to React to New Technologies

動向の激しい業界では、多くの企業が新しい環境に十分に迅速に対応できず、"忘却"という代償を支払わされる。ここではそういう悲しい歴史を議論するのではなく、再浮上に成功した会社の話を披露しよう。世界的な通信網となったインターネットの出現で生まれた、新しい現実に適応した事例である。

BEAシステムズ社（BEA Systems）が、インターネット基盤のソフトウェア技術のリーディングプロバイダに大きく変貌したのは、経営陣と主要投資家による大胆な行動のおかげであった。

その変貌がなかったら、衰えていく市場のニッチなソフトウェアベンダーとして衰退の道をたどっていたであろう。代わりに、BEAシステムズ社は数十億ドルの企業価値を持つ業界リーダーになった。

BEAシステムズ社は、1995年にソフトウェア製品の開発会社として設立された。目的は、プライベートな通信ネットワークによって接続された企業コンピュータシステムの性能を大幅に改善するというものであったが、すぐに成功を収めることができた。優れたマーケティング、優れた製品（ベル研究所から得た技術をもとにした製品）、早期顧客の充足が成功したことで、予想以上に早く売り上げを伸ばしたのである。ソフトウェアで成功を収める顧客が増えれば増えるほど、さらに多くの人々が分散型コンピュータシステムのメリットを確信するという、昔ながらの雪だるま効果を生んだ。会社発足からわずか2年

165

で、ナスダックでIPOを実施した。その翌年には、時価総額10億ドルに達した。

　BEAシステムズ社の社内の人々がこのまま同じことを推し進めて会社の大いなる未来を予見していた中で、技術部門のアルフレッド・チュアン（Alfred Chuang）だけが、先に問題があることを感じ取っていた。インターネット時代が到来しており、そのパワーと影響範囲は圧倒的であった。アルフレッド・チュアンは、企業ネットワークのコンピュータ向け製品の販売を基礎とするBEAシステムズ社にとって、インターネットは現在の自社製品戦略の脅威であると同時に、前代未聞で一世一代の好機であるとみなしていた。一方で、BEAシステムズ社の社内外の人々は、新たなメディアであるインターネットに多くの投資を行うことは危険だと考えていた。アルフレッド・チュアンだけが、インターネットの商業的利用の可能性を開拓し損なえば、もっと大きなリスクになると考えていた。インターネットの商用的利用に対する適合性について、多くの疑問が投げかけられていた時期のことである。

　1997年までには、アルフレッド・チュアンにとってインターネットは、地球規模の理想的な双方向性のデータ通信媒体であること、何百万人もの人々をつなぐこと、さらにビジネスアプリケーションの重要なプラットフォームになる能力を持っていることが明らかになっていた。アルフレッド・チュアンはコメントしている。「ただ、一つだけ問題があった。インターネットの可能性を引き出すには、新しいソフトウェア技術と業界標準への準拠が不可欠であったのだが、それは紛れもなく複雑だった」[2]。インターネットによって何百社から何千社もの企業ユーザーを結び付けられる一方で、世界中で同時に処理を実行しようとしている何百万もの人々をサポートする必要があった。さらに、処理に安全性が求められるのは当然のことで、最初からその要件を満たしていなければならなかった。いつかインターネットがビジネス取引に不可欠な存在となって、企業が業務をインターネットにどんどん移行していくとしたら、BEAシステムズ社の現行製品に対する需要は減少する。

　BEAシステムズ社関係者のほとんどが、その新製品は成功からほど遠いと考えていたが、アルフレッド・チュアンは突き進んだのである。1997年、BEAシステムズ社は現行製品の開発組織とは独立した、新しいインターネッ

第 8 章 スタートアップの 5 つの致命的なまちがい
Five Fatal Mistakes of Start-Ups

トベースのソフトウェア開発プロジェクトを開始した。しかし、開発は遅々として進まなかった。アルフレッド・チュアンは、適切な経験を持つ人材をすでに揃えている企業を獲得することが不可欠であると確信するようになった。

インターネットによる狂騒の時代の中で、多くのスタートアップがオンラインのビジネスアプリケーションを対象とするソフトウェア開発を始めていた。BEA システムズ社が検討したすべての企業のうち、1995 年 9 月に設立されたウェブロジック社（WebLogic）が最も魅力的だった。同社では初期製品を完成させていて、1997 年には試行販売だけで約 4 万ドルの収入を得ていた。この製品は、最初からインターネットベースの情報処理に対応したソフトウェアとして設計されていた。クライアントコンピュータにインストールしたブラウザベースのソフトウェアを使って、企業側のデータベースと関連アプリケーションに接続するというもので、ウェブ・サーバーと呼ばれる中間層のコンピュータ上で実行されるソフトウェアで構成されていた。ウェブ・サーバーによって、ユーザーはリアルタイムでオンラインでの作業を実行できるようになった。

それこそが、BEA システムズ社が求めていたシステムであった。しかし、ウェブロジック社の創業者によって要求された買収価格は 1 億 5,000 万ドルという法外なものであった。これは当時の BEA システムズ社の公開株式価値の約 15％に相当した。

その頃にはアルフレッド・チュアンは、インターネットベースの技術こそが会社の未来を形作るものであることを BEA システムズ社の経営陣から合意を得ていて、ウェブロジック社の製品が要件を満たしていることも納得していた。

そこで、BEA システムズ社には 3 つの選択肢があった。

• 高価だとしても価値があると、BEA システムズ社の役員会を説得する。
• 低価格で自らを売却しようとしている他のスタートアップを探す。
• 多くの会社が市場に打って出る前に、完成品の発売を目指して内部開発を継続する。

167

経営陣は最初の選択肢を選んだ。しかし、公開会社の役員会メンバーに、ま
だ実績のないスタートアップに会社の多額の資金を拠出することを納得させる
ことは決して容易ではなかった。特に既存の製品戦略で非常にうまく進んでい
るように見えていただけにより難しかった。慎重な人には、インターネットが
強力なビジネスの推進役として急速に発展するなど考えられなかった。ほとん
どの役員は、競争力のある製品を内部開発するのに十分な時間があると感じて
いた。インターネット戦略の最も批判的な評論家は、ソフトウェア業界の幹部
でもあった。ウォーバーグ・ピンカス社を代表する主要ディレクターのビル・
ジェーンウェイは、この時の論争をこう述べている。

　　　発足以来、役員会では強力な支えとなる存在で、サン・マイクロシス
　　テムズ社の世界的な事業統括の元責任者だった役員が、アルフレッド・
　　チュアンと CEO のビル・コールマン（Bill Coleman）に対して、そん
　　な取り引きを提案するなんて狂気の沙汰だと言い放った。彼女はまた、
　　私がその提案を支持した時にも同じ評価をくれた。しかし、アルフレッ
　　ド・チュアンの市場と技術に関する深い分析が勝利を収めた。飛び抜け
　　た大株主のウォーバーグ・ピンカス社が契約に同意したことも功を奏し
　　た[3]。

　独立系の役員が、ウェブロジック社の買収にはリスクが伴うものの、BEA
システムズ社の将来には不可欠であると納得するうえで、ビル・ジェーンウェ
イは重要な役割を果たした。最終的に役員会が同意し、契約が成立した。
　決定が下されると、アルフレッド・チュアンは、ウェブロジック社のチーム
を他の BEA システムズ社の活動から切り離して管理し続けることにした。彼
は起業家ならではのエネルギーを、息苦しいところに閉じ込める危険を冒した
くないと感じていたのである。こういった取り組みは、従業員の意見の違いを
そのまま放置するということではない。既存のビジネスに取り組んでいる人々
には、自分たちが関与していない新人と新製品によって、不利な立場に立たさ
れると感じるかもしれない。そういった内部変化を管理することは、新しい戦

略を立てることと同じくらい挑戦的なことである。

BEAシステムズ社において、アルフレッド・チュアンは、多くの手順を踏むことでこのプロセスをうまく管理した。まず、既存の製品を徐々に変更して、新しいアプリケーションでの使用を可能にした。

最初に、彼は現状の製品が新しいアプリケーションに使用できるよう徐々に変えられることを確実にした。次に、製品の提供と顧客基盤が、いずれも新・旧製品の適切な組み合わせの上に成り立っていることを確かなものにすべく、アルフレッド・チュアンを技術部門の責任者に加えて販売部隊のトップにした。このステップは、最も有能な人材を引き止めておくうえでも重要だった。

結果は素晴らしかった。インターネットは、オンライン小売から始まったリアルタイム取り引きを可能とする、大きな存在に成長した。これらのアプリケーションは、ウェブロジック社製品から進化したBEAシステムズ社製ソフトウェアによって使用可能になった。製品の品質に加え有能なマーケティングのおかげで、ウェブロジック社製品は、ウェブベースでの処理をサポートするために出現した多数のアプリケーションの機能を適応させたいという、多数のソフトウェア開発会社の要求に迅速に対応することができた。アプリケーションの普及に伴って、BEAシステムズ社の収益は劇的に増加した。

ほんの5四半期（15か月）以内にウェブロジック社関連製品の年間収益は1億ドルを超え、BEAシステムズ社は新しいウェブベースのサーバーソフトウェア市場における確かなリーダーになっていた。事実、2001年には100万人以上の独立系ソフトウェア開発者が、BEAシステムズ社のプラットフォームに依存するウェブベースのアプリケーション・ソフトウェアを作り出していた。

同社の価値は、その壮大な成長を反映したものとなった。2004年までにBEAシステムズ社の年間収益は10億ドルを超え、大企業の買収目標としての注目を集め始めることとなった。最終的に、アルフレッド・チュアンがCEOに就任していた2008年、オラクル社がBEAシステムズ社を85億ドルで買収した。

並外れた経営陣、特にビル・コールマンとエド・スコット（Ed Scott）の共同創業者、さらにビル・ジェーンウェイのような有能な主要投資家がいなかっ

たとしたら成功にはいたらなかったろう。

　BEA システムズ社は、支援を受けたベンチャー・キャピタル史上、最も成功したスタートアップの一つにランクされる。BEA システムズ社が、そのままオリジナルのソフトウェアの市場に固執していたら、おそらく廃業していたであろう。その市場はインターネットによって駆逐されてしまったのだから。

　ベンチャーがうまく立ち回って、本章で述べた致命的なエラーを巧みに回避できたら、成長と成功のための位置にたどり着いたことになる。この時点で、大手企業がベンチャーに接近して買収を提案してくることはほぼ確実である。成長の継続や加速のための多くの試みと同様に、IPO も可能になってくる。次章は、そういった決定を下す役に立つだろう。

第 9 章

転換点での成功を手に入れる
Managing Success at the Crossover Stage

－買収される、合併、再度の資金調達、または IPO ？　それは明白ではない－

あなたの会社は、価値ある製品を生産して販売することができると実証した。競争力のあるポジションは、さしあたって安全である。収益は順調に伸び、採算が取れるか、ほぼそれに近い状況になった。

　気を緩める時ではない。あなたは、クロスオーバー（転換点）に達したのである。経営陣と役員会が、会社の将来に関する重要な戦略を決定しなければいけない時が来た。事業を売却して勝利宣言を出すか、他企業との合併や買収、あるいは IPO の実施で、事業構築のさらなる成功を目指すことになるだろう。

　成功は競争をもたらす。というのは、自分たちの事業分野への他からの参入には障壁があるはずだと考えていても、市場ニーズと技術の急速な進歩によって、実際の障壁は存在しなくなってしまう。製品戦略や販売戦略、顧客関係での失敗で開いた穴を突いてこようとする、扉越しの脅威が存在する。業界も企業も止まったままではいられない。市場で前進を続けるか、最終的に消滅するか、他に呑み込まれるかのいずれかである。特に、業界がすべての市場領域で混乱を見せている時に当てはまる。

　注目すべきことに、S&P500※に含まれる企業、つまりアメリカのトップ 500 社のうちの 1 社だとしても、企業の平均寿命は 15 年以下である。実例としてみられるのは、破産したコダック社（Kodak）やポラロイド社（Polaroid）、衰退の数年を経てオラクル社に買収されたサン・マイクロシステムズ社、グーグル社を経てレノボ社（Lenovo）へ転売されたモトローラ・モビリティ社（Motorola Mobility）、マイクロソフト社に買収されたノキア社（Nokia）の携帯電話事業部門などがある。換言すれば、企業が成功の最高レベルに達した時こそが、最も無防備なのである。

※ S&P500
S&P ダウ・ジョーンズ・インデックスが算出しているアメリカの株価指数で、大型株 500 銘柄をもとに算出される。

第9章　転換点での成功を手に入れる
Managing Success at the Crossover Stage

戦略的な選択が不可欠な理由
Why You Must Make Strategic Choices

転換点に到達した企業を特徴付ける、いくつかの重要な要素がある。

- 経営陣が現状のビジネスを効果的に管理するリソースと才能を持っていること。
- 確立された顧客基盤があり、収益が予測可能で、少なくとも今後1年間は増えていくこと。
- 競争が激化していても、競合他社を上回る割合で収益が増加している。ターゲットとする市場で、強い成長を見せている。製品が、業界の価値と合致した妥当な総利益率で販売されている。しかし、将来的には製品のポートフォリオを拡大するために、利用可能な財源を超えた投資が必要であること。
- まだ利益が出ていなくても、キャッシュフローが予測できる。優れた収益予測と業績データに基づいて、計画された一定の現金の使用範囲内で高い収益性を上げることができる会社であること。

困難なくして、成功は訪れない。この段階に達する企業は数年前から存続しているはずだが、ここに来て、重要な問題に取り組む必要が出てきたのである。次に、共通する問題点を挙げる。

- 投資家の資金の流動化（換金化）が求められる。初期に出資したベンチャー・キャピタル・ファンドは満期を迎える。一般的な出資期間は10年であるため、一部の投資家に対応するための流動資産の換金能力が必要となる。その際、会社の運営に影響力のある人々の中で、換金化を求める人と、将来展望はずっと明るく、より価値ある会社になれると考える人との間に、緊張が生じる。
- 新製品の開発とマーケティングには新しい資本が必要となる。現行品と同等の重要度を持つ新製品を開発するためのコストは、どんどん高くなってきている。新しい競合相手が出てきたことで、新製品を成功させるまでに飛び越

173

えなければならないハードルが増えたためである。

• 国際市場で最も成長が見込まれる地域に対して、これまで以上の投資が必要となる。

• 将来の成長の問題に対する一つの解決策は、新しい産業の発展に対応した製品ポートフォリオと技術の拡大を行っている他社の買収や他社との合併である。しかし、それを大規模に行うだけの資金を調達できない。

企業が自らの勢いだけで成長は続けられないことは、ちゃんとした知識のある内部の人間には明白である。

あなたの会社が転換点にさしかかったら、何をするだろうか。

主要投資家の役割が重要になるのがここである。彼は役員会を決定に導く責任を負っているが、役員会には4つの選択がある。

第一は、会社を売却すること。

第二に、売却希望の投資家から所有権を買い取るために、新たな投資仲間を見つけること。

第三に、対等のパートナーとして合併相手を見つけること。

第四が、必要とされる資金を調達するために会社の株式の公開（IPO）に向けて準備すること、である。

これらの選択肢の中で、IPOへの道筋が最も厳しいものとなる。企業の株式を公開するために必要なすべての規制上の課題を突破しなければならない。もちろんその道は、偉大な会社を築くことで最も報われる。その道が開ければ、そこを選ぶことが普通であろう。しかし、市場公開して会社の価値を高めるには、多くのハードルがある。IPOに関しては、後述するオプション4で説明する。

オプション1：会社の売却
Option 1: Sell the Company

多くの会社は、事業の転換点か、もっと早い段階で売却される。会社の評価

は、投資家とチームに大きな金銭的報酬を提供するのに十分なほど高いかもしれない。

　そのうえ、さらなる成長を目指して市場での成功を推し進めていたとしても、会社の収入と収益性に関する将来予測が難しいかもしれない。

　Siri は、まちがいなく事業分岐点には達していなかったが、同じケースに当てはまる。当初、Siri 社に対して買収か将来的な IPO か、その選択の問題が提起された時、満場一致で独立した事業体として継続することを決定した。

　しかし、さらに魅力的な買収提案がなされたため、チームは次の 5 つの要素を考慮する必要が出てきた。

- Siri は、バーチャル・パーソナル・アシスタントの新たな分野を切り拓いた。しかし、グーグル社やニュアンス社やブリンゴ社（Vlingo）などをはじめとする大手企業や競合会社が、独自のバーチャル・パーソナル・アシスタントを作り出すべく競い合っていた。AI と自然言語の理解の最先端技術を使用していたとはいえ、Siri にどのくらいのリードタイム（企画から実施までの時間）が持てるのかが、重大な問題であった。
- 投資家には、現時点で投資に対する高率の収益を受け入れるか、将来の競争相手に対するリスクを覚悟して、2 年から 3 年後に公開上場するかの選択肢があった。
- 経営幹部チームの理想は Siri が世界に衝撃を与えることであった。そして、スティーブ・ジョブズがアップル社を通してその機会を与えたことになる。アップル社から数千万人の消費者に製品を提供できる機会というのは、チームにとって魅力的であった。
- チームにとって重大な検討事項は、一定の金銭的報酬を今受け取るか、将来的な大きな報酬というリスクある可能性に賭けるかであった。
- Siri は、顧客から大いに受け入れられることを示していたが、収益モデルは明確になっていなかった。Siri の収益モデルは、映画のチケットを購入する、レストランの予約を取る、花を買う、コンサートを探すといったユーザーからの要求に合わせて、顧客をウェブ・サービスに導いた際に対価が支払われ

175

る CPA（cost-per-action：一回当たりの処理ごとに費用を徴収するもの）で
あった。しかし、Siri を実際に立ち上げてみると、天気予報を知るとか飛行
機の運航状況を確認するといった無料サービスの利用がほとんどで、思いの
ほか収益を得られなかった。

そして、よく知られているように、アップル社からの魅力的な買収提案を受
けて、役員会は最終的には買収を承認したのである。

オプション２：新たな投資家探し

Option 2: Find New Investors

　今後も成長を続けて上場への道を歩み続けるために、新たな資金が必要なの
だが、投資家と主なチームメンバーが流動化（換金化）を望んでいるとしたら、
別のラウンドの投資を探し求めることができるようになる。この資金調達は、
既存株式の一部または全部に充てることができる。投資家は、現在の投資の段
階など、外部状況の考察から流動化（換金化）を望むことがある。
　チームメンバーについては、彼らの株式を完全に買い取ると、会社を成功さ
せるための金銭的なモチベーションを失いかねないので、良い考えとは言えな
い。しかし、時にはチームメンバーの株式を買い取ることにより、会社を続け
ることで生じかねない一か八かという可能性を和らげ、金銭的な安心を与える
こともある。

オプション３：株式交換で他社と合併

Option 3: Merge with Another Company in a Stock Swap

　時として、経営陣と投資家がベンチャーを続けることに躍起になってしまっ
ている場合があるが、大市場で競争していくにはより大きな規模が求められる
ことも認識しなければならない。同じ市場の非公開企業も同様の問題を抱えて
いる可能性が高い状況なら、対等合併にも意味が出てくる。

176

第9章　転換点での成功を手に入れる
Managing Success at the Crossover Stage

　ここで、両社から選ばれた人材が新会社を運営することになり、二つの役員会が統合される。投資家は現金ではなく、流動性のない株式を受け取ることになる。一般的に、そういった合併が起きるのは、両社とも最終的には IPO に関心を持っているものの、大きい側の会社が IPO でのより高い評価を求めている場合である。それは、公開企業として成功した際により良い立場になるかもしれないと考えるからである。

　こういった有益な合併でも障害に直面するために、その多くは成立しない。それぞれの役員会における投資家のエゴや期待がぶつかり合う。合併後の企業の CEO の選択から始まって、企業文化の衝突が起きるなど、結果的に優秀な人材の損失にもつながりかねない。一部の役員を退かせる必要性から生じる問題で、現金化まで時間がかかってしまう。そういう利害関係者は現金化を望むため、合併よりも会社の売却を強いるだろう。

オプション 4：IPO
Option 4: IPO

　このオプションを評価するための第1の重要なステップは、幹部管理職チームがどのくらい IPO に関心を持っているかを見定めることである。CEO と中心的な管理職は、今後も偉大な会社を築き上げることに奮い立っている一方で、会社を上場させるための課題に対応するスキルを持っているのか。答えがノーならば、会社が選ぶべき正しい答えは、売却するか、他社と合併するか、別のグループの投資家を見つけるかであろう。答えがイエスの時に、IPO が考慮に値するようになる。

　第2の重要な問題は、上場へ導くために信用できる投資銀行の引受人を見つけられるかどうかである。カナダロイヤル銀行（RBC：Royal Bank of Canada）で資金提供担当の現在の責任者であるマーク・ゴールドスタイン（Mark Goldstein）は、何十年にもわたる IPO の引受け経験があり、3章で紹介したコバッド社の IPO も率いてきた。マーク・ゴールドスタインは、その過程をこのように述べている。

177

IPOのスポンサーを求める何百もの企業に手助けを請われたものの、これまで私が実際に選んだのは約30社です。その理由は、ハイテク分野から来た管理チームは、上場会社を管理する能力がほとんどないからです。私は、ビジョン、製品戦略、実行能力に基づいて会社を率いていけるCEOを探していました。私たちはIPOを支える投資銀行として、提案した株式の購入者を業績不振で失望させることはできません。だからこそ、幹部経営者への信頼と過去の実績は重要となります。彼らのプレゼンテーションを聞きながら、将来の業績を示す指標である、ビジネスへの情熱と過去の実績を探しました。

コバッド社のケースでは、適切な幹部経営者グループを見出し、IPOを成功させることができました。また、私は役員会と主導投資家の質を見定めました。コバッド社にとって良かったのは、主要投資家がウォーバーグ・ピンカス社であり、同社の役員会が経営陣を監督できるということが、私の安心感につながりました[1]。

会社を上場するということは、会社が大量の外部監査を受けることでもある。財務報告の誤りは深刻な法的影響をもたらす可能性があるため、経理システムは完璧でなければならない。開示された報告書をもとに、CEOとCFOから話を聞きたいという投資家との公開電話会議が開催された時には、財務結果に関する説明をしなければならない。参加者からの質問にも答えることになる。公開企業のCEOとCFOは、プレゼンテーションで会社をうまく表現できなければならない。また、投資銀行家が投資家のために主催する財務会議では、会社の代表として招集される。

収入と利益の予測
The Predictability of Revenues and Profits

すべての会社が公開に向かうわけではない。たとえば、四半期ごとの売上高が大きく変わるため、先の変動が予測不可能な企業はIPOの候補にはならない。取り引きの履歴が悪いという評価になるためである。

第9章　転換点での成功を手に入れる
Managing Success at the Crossover Stage

　IPOを計画する会社は、かなりの完成度まで到達している必要がある。正当な自信のもとに四半期の収益を予測できない企業は、投資家から経営陣への信頼はなくなり、アナリストは報告を中止する。その株式には市場がないので、上場は不確実になる。公的な評価の低さは、会社の評判に影響を与えるだけでなく、ストックオプションを受け取った従業員の士気にも影響を及ぼすなど、なんの値打ちもない。

　白熱した市場で急速に成長する会社の中には、単に市場公開しない場合も多い。たとえば、経験豊富な起業家のグレッグ・オルセンが設立したセンサーズ・アンリミテッド社（Sensors Unlimited）は、新しい電子光学素子を開発して通信業界で広く採用された。収支は2,000万ドルという高い収益性を実現していて、グレッグ・オルセンは、信頼できる投資銀行家から5億ドルを超える評価での公募の提案を受けた。同社は、グレッグ・オルセン自身が投資して株の過半数を持ち、残りを従業員が持っているという状況であった。

　ヘンリー・クレッセルは、二つの理由からIPOに反対した。第一に、グレッグ・オルセンが構築した企業の管理範囲は限定的で、単一の製品に依存していたため、予想可能な財務業績を示すには時期尚早であった。第二に、同社は個人所有分が大きかったため、株式の売却には制限があった。創業者が多くの株式を売却することは、自社への自信がないとみなされるため、一般投資家は好まない。最終的に、公開の代わりにグレッグ・オルセンは会社をまるまる売却して、ベンチャーすべての価値として6億ドルを生み出したのである。

IPO に必要な経営陣

The Management Team Needed for an IPO

　始まったばかりの小さなベンチャーでは、自分たちの基礎は革新的な製品ビジョンを実現することであると考えて、創造への情熱の炎を燃やしている。しかし、会社が大きくなるにつれて、その炎を燃やし続けるのは難しくなる。また、創業者は創造性に富む新たな人材を補強しなければならない。多くの会社が効率的に機能する組織を構築すべく、取り組んできた。

　これまで見てきたように、スタートアップの経営陣には、独自のスタイルが

ある。成功のためには日々の管理機能が必要とする大企業の管理スタイルには、簡単には置き換えられないだろう。時には、創業チームがそのような組織を構築できるまで進化することもあり得るが、多くの場合、変化が激しい業界で大きな組織を管理するために、異なる経験とスキルを持つ人々が必要となる。

大企業の首脳部で活躍が期待されるのは、経験のある管理者が一番で、技術の専門家はその次である。さらに、市場のリーダーシップを目指して、エキサイティングで成長し続けるビジネスに参加しようという起業家的な野心が必要である。彼らは、会社の"創業者（founders）"ではないかもしれないが、"創作者（builders）"である。そのような人々は稀ではあるが、初期の起業家的な段階を突き抜けるために必要であり、偉大な企業を作るための基盤をなす人々である。

経営陣の責任の増大に対してよく使われる解決策の一つに、COO を加えることがある。ニュースター社の創業者にして初代 CEO のジェフ・ガネックはこう述べている。

「会社が成功を収めたある時点で、私の会社経営を助けてもらうために、非常に有能な経営幹部を雇うことにしました。それは、会社の繁栄に新しい管理スキルが必要であると気付いたためです」[2]

事実、IPO に先立って、大企業での経験があり才能あるマネージャーのマイク・ラック（Mike Lach）が、ジェフ・ガネックに報告する立場で、社長兼COO として加わった。

上場会社になると、経営陣に対して多くの要求が生まれ、若いスタートアップではめったに見られないスキルが求められる。突如として、会社は多くの聴衆に事業計画を伝えなければならなくなる。聞き手には、競合他社も含まれるというのに。

制御できない市場動向だけでなく、成長と収益性に影響を与えるような経営陣の決定で、株価が左右される。

ジェフ・ガネックの見解では、「上場企業の運営は、ガラスの金魚鉢の中で行っているようなものです。ビジネス上での意思決定を行う場合には、長期的には会社にとって何が良いのかという観点からだけでなく、投資家に与える影響も

第9章　転換点での成功を手に入れる
Managing Success at the Crossover Stage

考慮しなければなりません」[3]

　たとえば、製品開発への投資増は、短期的な収益減となる。この短期的な減収が、将来、より大きな収益増を生むということを投資家が理解しない限り、利益の減少によって株価は下がる。

　だからこそ、上場企業を経営できる CEO が必要なのである。CEO の信頼が、会社の社会的な評価に大きな影響を与えるだろう。ノバ社の CEO で共同創業者であったエド・グルゼッドジンスキーはこう説明している。

　　　私の経営スタイルは、会社がどんどん大きくなるにつれて変わっていったため、私の活動の多くをスタッフに託さなければなりませんでした。しかし、私のために働いてくれていた上級管理職の多くは、以前は他の会社の中級管理職だったのです。ある者は、より多くの責任に適応するためにスキルを伸ばしたものの、他の人は容易に対処できずに、会社を去らなければなりませんでした。彼らが所有株から十分な報酬を得た後、相応しい経験を持つ新しい人が入ってきました。US バンコープ社は、ノバ社を買収後に、自社のクレジットカード取引業務をノバ社のビジネスに引き継がせることにしたため、彼らは引き続きビジネスを運営し続けることができました。チームの質の高さが証明されたのです[4]。

会社は絶えざる革新の文化を育んできたか？
Has the Company Developed a Culture of Continuous Innovation?

　あなたの会社は、絶えざる革新の文化を育んでこられただろうか。

　もしその答えがノーならば、独立した上場企業としての、長きにわたる未来は見込めない。

　自らの創造性は新しい市場と製品の開拓につながるものであると、自信満々で決めつけてしまう CEO や創業チームが、しばしば現れる。私たちの経験では、こういう人たちは初期の優れたアイデアだけは成功するものの、最終的には時代遅れになるかコモディティ化に遭遇する。製品のライフサイクルが短くなり、その特徴も絶えず変化している。成功するためには、会社全体の創造的で革新

181

的な才能を総動員しなければならない。このことからも、CEO が革新的な企業管理を学ぶ必要があることが理解できるだろう。それは、創造的な人々に対する管理と報償を行える組織を構築することによってのみ実現する。会社がどのようにして絶え間のない進化を管理するかは、組織と才能ある要員に大きく依存する。

　成功したベンチャーの転換点において、売却、新規投資、合併、IPO といった数ある選択肢の中で、IPO は、最も派手で最も報道価値のある、最も関心を呼ぶ手段である。

　その一方で、IPO は最も厳しい選択である。もしやり遂げようとするならば、取り組まなければならない問題に対処するために、会社全体が慎重に変わっていかなければならない。

第 **10** 章

将来を確かなものにする

Ensuring the Future

アメリカ人の平均寿命は 79 歳。日本人は 83 歳まで期待できるが、リベリア人はわずか 46 歳。大企業の平均年齢は、そのどれよりもずっと短い。研究によると、1976 年設立の企業で 10 年後まで生き残ったのはわずか 10%だった[1]。

－チャールズ・オライリー（Charles O'Reilly）

※チャールズ・オライリー
スタンフォード大学経営大学院教授。専門は組織行動学、リーダーシップ論。著書に「競争優位のイノベーション」（ダイヤモンド社）、「隠れた人材価値」（翔泳社）などがある。

多くの企業は変革に失敗して、徐々に滅んでいく。当然ながら、繁栄し続けている企業は、起業した頃と同じビジネスモデルではない。むしろ、すべての面における革新を通じて、継続的な成長過程を歩んできた。ビジネスモデル、製品、マーケティング戦略、取引関係…。

　ここに、あなたを導く7つの重要な原則がある。成熟した会社の文化、組織、その過程、さらにあなた自身に対しても、革新の継続的なサイクルを維持していく役に立つはずである。

原則1：トップから始める
Principle 1: Start at the Top

　手本を示すことが一番わかりやすい。結局のところ、革新的な思考を社内に浸透させていくために最も重要なのは、経営陣の振る舞いである。それを理解している CEO や経営幹部は、従業員がリスクを恐れないように鼓舞する。これは、手順を無視するということではない。CEO は、技術と市場の長期的な動向が、いかに企業を大きく変えてしまうかを理解していなければならない。そして、その知識を活用することで、革新への取り組みを推進していかなければならない。経営陣は、ビジネスに価値を持たせるための革新への意気込みを、すべての従業員に伝えなければならない。経営陣は従業員に対して、リスクは会社に活気をもたらすためのコストの一部と認識していること、また、革新のためのアイデアがうまくいかなかったとしても、その従業員が処罰されることはないということを周知しなければならない。

　GE 社の元 CEO のジャック・ウェルチは、自分の仕事におけるそういった側面を理解していたという。彼に仕えたケン・ピッカー（Ken Pickar）がヘンリー・クレッセルに語ったところによると「私はジャック・ウェルチが新しい照明製品の開発を中止した時のことを、はっきりと覚えています。彼は、GE 社の照明部門長を呼んで、そのチャンスに挑んだ人たちすべてに報いたいと伝えたのです。そして、事業部長に〝あなたが彼らをどう処遇するかが、あなたの評価につながりますよ〟と言ったのです」2) という。

第 10 章　将来を確かなものにする
Ensuring the Future

　明白なことは、すべての技術とビジネスソリューションの革新と機会は、収益を生まないだけでなく費用がかかるばかりのアイデアから始まるのである。目先の利益のみを目指している CEO は、新たな機会を失う。必然的に、競合他社の画期的な製品が登場して、盲点を突かれることになる。最初の収入は少なくても、急速な成長を見せて、業界を支配されてしまうのである。

原則 2：並外れて創造的な人々の管理
Principle 2: Know How to Manage Exceptionally Creative People

　並外れて創造的な人々というのは、一般労働者とは違っている。産業的な環境で管理するのは難しい。そもそも、彼らの考え方では、業績実施計画案が理解できないのである。そういった中の一人に、1905 年に「結核に関する発見と研究」によってノーベル医学生理学賞を受賞した、ロベルト・コッホ（Robert Koch）の例がある。同じく著名な研究者で、1908 年にノーベル賞を受賞したパウル・エールリヒ（Paul Ehrlich）は、コッホを次のように評している。

　　　コッホは、一流の科学者が解決しようと格闘しても徒労に終わっていた問題に深く没頭しました。たゆまぬ鋭敏な積み重ねによって、彼は答えにたどり着くことができたのです。それによって、同時代の賞賛と無条件の尊敬を得るほどの権威となりました。そして、おそらくは、彼の先駆的なアイデアを追求するために、天才的な頭脳とエネルギーを、邪魔されず妨げられもせずに、自由に使えたことが幸いしました。並外れた天才的な頭脳とエネルギーが組み合わさって、彼の個性が形成されていました[3]。

　並外れて創造的な人たちの貢献は、非常に大きなものになる。ただし、彼らのアイデアと商業的価値の創造の間に、あなたが橋渡しをできればである。創造的な人々は、望むような結果を生むまったく新しい方法を発見できる。しかし、商業的な価値へとつなげるための適切なサポートとフォローアップという

185

橋渡しがなければ、実用的な目的まで達成することはめったにない。彼らの仕事と継続的な活動に適切な注意を払うことができれば、創造性という火花が、真に革新的な製品やサービスに火を付ける可能性がある。しかし、もしあなたの管理がまちがっていて、彼らの創造的思考を広げていくための効果的な手段が欠けていたならば、単に嫌われるような意見を述べる批評家的な役割でしかなく、破壊的な結果にもなり得る。

ようするに、画期的なアイデアを作る人たちというのは、既存の考え方に挑戦しているのであって、共通の理解や常識とみなされるものに反発して行動しているように見えるものなのである。ほぼ確実に、彼らは既存の文化にはそぐわない。

こうした素晴らしい価値を持った人はきわめて少ない。そのため、どんな組織も、長期的な成功のために彼らの存在だけに依存することはできない。イノベーションを管理するためには、そういった人々だけでなく、他からも恩恵を得ることを学ばなければならない。それは、才能的には並外れていなくても、やはり創造的であり組織に忠実な人々である。

突出した才能の人々を管理する必要性は、単なる始まりに過ぎない。アイデアを商業的価値に変えることは、より大きな経営上の課題であるし、確かに最も費用がかさむしリスクも高い。このプロセスはつねに困難である。フリッツ・ハーバー（Fritz Haber）が1909年に発明したプロセスを用いて、商業的にアンモニアを生産した例を見てみよう。

アンモニアの生産は、当時の最大の課題の一つだった。アンモニアは、火薬の主成分であるとともに、世界で生産される肥料の半分以上の主成分でもあった。ドイツの大手化学会社のビーエーエスエフ社（BASF）は、ハーバーの発明の権利を取得したが、商用製品の生産は予想以上に困難であることが判明した。それを実行可能とする工場を建設するためには、別のレベルの工学的天才が必要だったのである。

　　　　数年かかったものの、ビーエーエスエフ社の化学者でありエンジニアでもあったカール・ボッシュ（Carl Bosch）が、独創的な仕事をした。

第10章　将来を確かなものにする
Ensuring the Future

　…クルップ社（Krupp）および他の企業との協業のもと、アンモニアの
商業生産のためのビーエーエスエフ社の工場が1913年に建設された。
…それはおそらく、それまで成し遂げられた化学工業の中で、最も困難
で、最も華麗な功績だった。この偉業によって、カール・ボッシュは
1931年にノーベル賞を共同受賞した[4]。

　この経験は、コンセプトから製品化まで、重要な技術的ソリューションを開
発することの難しさを示している。このような非常に危険度が高い投資を、い
つ、どのように行うのかを決めることは、イノベーションを管理する重要な側
面である。
　経営陣はまた、市場のシェアを維持するために、現状の製品に対する適切な
投資への考慮も必要である。そして、あまりに使用期間が長く古くなった製品
ラインに固執する危険と比較検討しなければならない。現在の製品の段階的な
改善に対して、新製品開発のために企業リソースのどの部分を確保するかを決
定する必要がある。このプロセスにはもう一つの側面がある。それは、イノベー
ションを管理するということは、企業の能力と目標に関する完全な理解ばかり
でなく、人間の欲求や動機に対する感受性も必要とするということである。

原則3：革新を促す文化の確立
Principle 3: Establish a Culture That Motivates Innovators

　企業は、お互いに影響し合う人々で構成されている。企業環境が行動の一部
を形作るが、その根底には、認識可能な人間の衝動、欲望、不安がある。キャ
リアを終わらせてしまうかもしれないような危険度が高い改革に対処しなけれ
ばならない時、そういった心理的な要因が前面に出てくる。
　では、どうすればイノベーションを続けられ、刺激的で創造的な環境を作り、
維持できるのか。組織心理学のほとんどの学生は、従業員の意欲と責任を伴う
確約が、革新的な組織の成功に不可欠だと強調する。従業員の興味の一部を、
建設的で貴重なものに向けることで、考えて行動するように促したいのであれ

187

ば、アブラハム・マズロー（Abraham Maslow）の業績から多くを学べるで
あろう。アブラハム・マズローの欲求の階層は正当性を疑われてきたが、彼の
考えはいまなお管理者には深い意味がある。

　アブラハム・マズローは、人間の欲求を5層のピラミッドとして可視化した。
生命に必要な生理的欲求を基礎として、順に、安全欲求、社会的欲求、尊重欲
求、自己実現欲求に分類した。最下層の生理的欲求には、食糧、避難所、その
他の必需品などの生理的要件が含まれる。次の安全欲求は、個人の安全保障、
雇用、家族、健康で形作られ、社会的欲求として、愛や帰属に対する欲求がく
る。尊重欲求が第4層で、頂点が、創造性と道徳性の崇高な追求による完全な
自己実現欲求になる[5]。

　生理的要件に対して公正な賃金および快適な労働条件を関連付けると、ピラ
ミッドの最も基礎的な階層でさえ、向上心と意欲につなげることができる。し
かし、イノベーションを管理する際の有効性を高めるために、最も肥沃な土地
を見つけるとしたら、それは高い階層にある。

　アブラハム・マズローのピラミッドでは、尊重欲求が2番目に高次の達成動
機に位置付けられている。自らの経験からも確かである。だから、功績による
名誉は、賞与や当面の報酬より効果的な動機付けになると信じられるのである。

　我々の場合を紹介しよう。ヘンリー・クレッセルと彼のチームは、RCA社
でブロックバスター・トランジスタ製品を開発した。その成果が認められたの
だが、その報奨はボーナスではなく、半導体部門長による公の場での表彰であっ
た。さらに、彼は光通信を可能にする先駆的な半導体レーザーとデバイス分野
を開拓した功績で、RCA・サーノフ・メダルを授与された。この賞は、最も
優れた社内の技術的な業績に対して贈られるものである。

　ノーマン・ウィナースキーのチームは、受像管のすべての静電と静磁気要素
を完全にモデル化した、受像管システムのシミュレーションを開発した。最終
的には、世界中の何百万本もの受像管が、このシミュレーション・システムを
用いて設計された。彼のチームもまた、RCA・サーノフ・メダルを授与された。
さらに付け加えると、ノーマン・ウィナースキーは、人間の視覚を測定するた
めの新しい技術を開発したチームに協力した功績で、エミー賞を受賞している。

第10章　将来を確かなものにする
Ensuring the Future

こういった例は、これまで受け取ったどんなボーナスよりも、鮮明に記憶に残る。

　伝説の CEO のデイヴィッド・サーノフ（David Sarnoff）のもと、RCA 社は技術者と革新的な仕事をする人々に敬意を払っていた。しかし、さまざまな事業部に分かれて管理されていたことが、彼らの文化を特徴付ける手助けとなった。たとえば、半導体事業部のような新しくて急速な成長を見せていた部門は、電子管のような成長の遅い古いビジネス部門よりも、ずっと先進的な文化を持っていた。そしてもちろん、RCA 社の研究所にも独自の革新的な文化があった。

　もし、RCA 社の技術部門に共通した企業文化があったとするならば、革新的な人物が成功を収めたとしても大きなボーナスで報いられない代わりに、失敗しても解雇されることがないという一点であろう。もしプロジェクトがうまくいかなかったとしても、エンジニアは次のプロジェクトに移行するだけというのが普通だった。したがって、エンジニアは新しいプロジェクトを開始する際のリスクについて心配する必要はなかったが、プロジェクトが失敗した場合のリスクは幹部の製品管理者が負うこととなっていた。

　結果として、技術者の離職率は低かった。技術系の学校を卒業してすぐに RCA 社へ入社した人は、そこで経歴を積みたいと思っていた。その方法としては二つあった。もしその気があるのなら、会社の階段を昇っていって管理職までたどり着くことが一つで、別の方法としては、中間管理職と同じ給与水準で上級技術専門職となることであった。もし技術者が、管理職の役割が魅力的でなく金銭的にも不十分と判断した場合、多くの者が選んだように、管理職としてのプレッシャーを感じることなく、快適なライフスタイルで仕事を楽しむという選択もできた。

　ヘンリー・クレッセルとノーマン・ウィナースキーがキャリアをスタートさせた、RCA 社の研究所と半導体事業部の従業員は、共同体の一員として帰属意識があった。彼らは、自分たちがより大きな組織の一部であり、各人の貢献が不可欠であると感じていた。会社に対する忠誠心は、従業員の高い定着率につながった。人は、友人を残していくことが友の失望につながるなら、船を離

189

れないものである。

　大企業の研究所はほとんど姿を消してしまった。しかし、企業環境における
イノベーションの管理が成功した経緯から、学ぶことは多い。

　そういった中で、デイヴィッド・サーノフ・リサーチセンター（ニュージャー
ジー州プリンストンにある RCA 社の研究所のことで、RCA ラボと呼ばれる
ことも多い）は、先駆的な研究機関の一つであった。カラーテレビや LCD ディ
スプレイの発明といった多くの革新的な技術でよく知られているが、それも彼
らの業績のほんの一部に過ぎない。

　このセンターには、企業の製品ニーズの制約内で、個人の創造性を奨励する
システムがあり、"尊重"することに特別な注意を払った。従業員は、技術的
な成果から高い地位を得た。成功した科学者と技術者は RCA ラボの特権階級
のようなもので、中でも最高の人々は計り知れない名声を謳歌した。

　アブラハム・マズローの階層で最上位に位置する自己実現欲求は、RCA ラ
ボにおけるもう一つの重要な欲求であった。スタッフの科学者とエンジニアに
とって最高の栄誉は、研究所のフェローに任命されることである。そしてフェ
ローには、自分が選ぶプロジェクトに取り組む権利が与えられた。対照的に管
理作業は単調な骨折り仕事に見えて、科学者たちはしばしば管理職階級への昇
格を断った。

　もう一つの重要な特徴に、組織全体のチームオリエンテーションがあった。
その大部分は、仕事の性質上、生まれたものであった。すべてではないが、ほ
とんどのプロジェクトは多くの学問領域にわたっていて、物理学、電気工学、
化学、材料科学などの分野における専門知識を求めていた。製品をコンセプト
から製品部門に移行するにはチームが必要で、チームプレイヤーのみが成功す
る可能性が高いと、誰もが認識していた。

　そして、誰もがそのようなチームにいたいと思っていた。これは、アブラハ
ム・マズローの社会的欲求の概念の検証になっている。理論科学者でさえ、実
際の製品化の中に自分の研究が組み込まれるところを見たいと思っていた。た
とえば、RCA 社のテレビ受像管は、理論物理学者によって考案された電子モ
デルに基づいていた。個人の貢献度の多寡は問題ではなかった。毎年の業績に

190

関する報奨は連携したチームに与えられたので、参加したすべての人が成功の評価を共有できた。

　共同体とチームワークに焦点を当てることで、協力の文化が生まれたのである。

　新しく採用されたある科学者が、「研究所に来て最も素晴らしいと思ったのは、プロジェクトやアイデアへの助けが必要になった時、ホールを移動して別の研究所に行って、話を始めればすむということでした。人々はいつも手助けのための時間を見つけてくれました」と述べていた。

　この文化はまた、自分のアイデアをコンセプトから製品化へ推進したいと考える若者を支援することになった。経験豊富なマネージャーだけに頼って売り上げの最低収益点を守る代わりに、新たな才能に信頼を置く企業は、成功への道を切り拓くことになる。

原則4：共通する言語とプロセスの確立
Principle 4: Establish a Common Language and Process

　SRIには、管理者とそのチームがイノベーションの概念を理解して推進することを支援する、シンプルで非常に強力な言語とプロセスがある。この独自プロセスは、カーツ・カールソンとノーマン・ウィナースキーが開発した。カーツ・カールソンは、それを高度化して世界中の企業に導入しただけでなく、CEOとしてSRIに実装して大いなる成功へと導いた[6]。

　このプロセスに従うには、イノベーションの概念を価値提案として記載するところから始めなければならない。第5章で見たようなベンチャーを創る場合に限らず、いかなる新しい計画を率先する場合でも同じである。価値提案は、効果的な手法である。新しい項目の予算要求を守ることから、企業買収の正当性を証明することまで、あらゆる種類の取り組みを理解し分析して、さらにリソースの割り当てに決定を下すまで有効である。

　価値提案というのは、コンセプトをもとに顧客に提供できる価値についての、あなたなりの仮説である。そこには、N、A、B、Cという要素が含まれている。

- Need（要求）：市場と顧客の重要なニーズか、改革に取り組むべき問題点か（顧客があなたの管理者であったとしても、すべての新規計画には顧客が存在する）。
- Approach（働きかけ）：市場と顧客のニーズに対応するための、技術的かビジネス的、あるいは両方を備えたソリューション。
- Benefit（利益）：可能な限り定量化された、ソリューションが提供する顧客への利益。
- Competition（競合）：競合他社、または提案したソリューションの代替案。

　NABC法は、あらゆる革新的コンセプトを考え、提示するための強力な手法である。価値提案を語る際は、魅力的な話にするよう心がけよう。単に、N、A、B、Cの順番に話すだけでは退屈である。その代わりに、すべての要素があなたの話のいずれかの時点に含まれていることが望ましい。ダグ・キトラウスは、ベンチャー・キャピタリストに最初にSiriベンチャーをプレゼンテーションした際の、非常に優れた話し手であった。そこには、彼が偉大なCEOになるであろう最初の兆候が見えた。

　価値提案というのは、我々がこれまで定義してきたように、ベンチャー・キャピタリストがプレゼンで期待しているのと同じように、革新のコンセプトを表現してくれる。ベンチャー・キャピタリストは、NABCのような法則は用いないが、同じような質問をしてくるだろう。新しいベンチャーを始めたり、会社内で新製品を作り続けたり、新しいアイデアを売り込んだりする時にも、NABCはあなたの役に立ってくれるだろう。

　例を見てみよう。我々が価値提案の作成を開始する時、すべての要素を一度に明確に把握することはほとんどない。たとえばSiriの価値提案を最初に考えた時、私たちは市場ニーズ（N）から始めた。それは、自然言語による質問での検索を可能にし、顧客の作業を容易にすることであった。しかし、そのような場合、競合他社（C）にはグーグル社のような大手検索会社が含まれており、成功できるとは思えなかった。

　そこで我々は、価値提案を別の角度から考えてみることにした。NABC法

を用いることで、ウェブ・サービスにアクセスするために必要な、iPhone の複数クリックをなくすことを必要性（N）の中心に考えた価値提案を作成した。

　我々の技術的アプローチ（A）は、自然言語と AI を使用して、リンクではなく回答を提供する "do engine" を創ることであった。この（A）段階でのビジネスモデルでは、Siri が顧客を連れてくることに対して、ウェブ・サービスから収入を得るというものであった。（B）であるゼロクリックによって、顧客数の増加につながりやすく、収益も増加した。競合他社（C）には、グーグル社やマイクロソフト社のような主要プレーヤーが含まれていたが、それらは検索エンジンの提供を、"do engine" よりも優先していた。ベンチャー発足に先立つ Siri の価値提案の作成は反復的で、絶え間ない精緻化が必要であった。それが価値命題作成の本質である。それゆえ我々はそれを、"反復のイノベーション・プロセス" と呼ぶ。

　NABC 法は、他のイノベーションを管理する手法とは重要な点で異なっている。たとえば、世界中の企業でよく使用されているステージゲート法と比較してみよう[7]。ステージゲート法では、ベンチャーや製品コンセプトが、マイルストーン（事業の達成点）ごとのステージに設定したゲートを通過していくことになるのだが、マイルストーンを達成したベンチャーや製品開発だけがゲートを抜けて次のステージに進むことができる。

　ステージゲート法には、二つの欠陥がある。一つは、発現から投資効果資料、開発、テストと検証、最終的な配送までを、直線の流れで想定していることである。二つめが、各ゲートでフィルター処理が必要なことである。

　対照的に、NABC 法ではイノベーションは非線形であると仮定するため、N、A、B、C の各要素を繰り返し反復する必要がある。

　たとえば、18 年間に SRI が生み出した 70 ものベンチャーのほぼすべてで、成功のための NABC のさまざまな要素の見直しと、価値提案の繰り返しの検証が求められた。もし我々がステージゲート法を用いていたら、成功したベンチャーのほとんどが早い段階でふるいにかけられていたことだろう。

原則5：イノベーションのための拠点づくり
Principle 5: Create Centers of Innovation

　多くの企業が、将来の利益につながる重要かつ戦略的なイノベーションを見出すために、事業開発部門を設立している。その任務は、"偵察部隊" として市場機会を評価して、経営幹部による査定や熟考ができるようにすることと、予期せぬできごとに驚かされることのないよう会社を守ることである。

　そういうチームは、他社からの新技術のライセンス供与や、潜在的な戦略的価値がある企業買収などの機会を、明らかにしてくれるだろう。グループには経験豊富な人員が配置されているため、非常に有益な情報を提供することができる。一方、提出された情報をもとに、どのように行動するかを決定する責任は経営幹部にある。つまり、事業開発部門の価値というのは、情報を受けた経営幹部の注意力以上に大きくはなれないのである。

　いったん、買収、新技術、新製品やサービスに関する決定が下されると、イノベーションのための拠点は、既存の製品部門の一部か、新たな製品部門に作られる。

　経営陣が新製品のコンセプトを支持して、市場に投入することを決定しながらも、既存の部門の能力では実現できないことを認識している場合、企業は新しい製品部門の作成モデルを使用することができる。たとえばアップル社は、スティーブ・ジョブズのリーダーシップのもと、このアプローチを使ってマッキントッシュ（Macintosh）を作り上げた。

　経営幹部は、スティーブ・ジョブズのように、新製品部門に長期的なサポートを提供する用意が必要である。反例として、レーザー（Razr）などの象徴的な新製品を構築するために作られたモトローラ社のXプロダクト部門（X Products Division）を検討してみよう。Xプロダクト部門の最大のリスクは、この種の部門には巨額の資金調達が必要だということだった。モトローラ社が困難な財政再建を開始した時、Xプロダクト部門は短期的な収入や収益性を生まないため、最初に処分された。

194

第 10 章　将来を確かなものにする

Ensuring the Future

イノベーション・センターのガイドライン

Guidelines for Centers of Innovation

　新製品の登場に合わせた偵察部隊の使用や、新製品部門の創出などに加えて、多くの企業が継続的に製品化の機会を創造するために、イノベーション・センターを設けている。そういったセンターは、経営幹部が、事業方針と実際の運用モードを、会社の事業経営に適切に結び付けない限り、大半は失敗に終わる。

　たとえば、多くの企業には、新製品のアイデアを作成する責任を負うイノベーション・センターがあり、次の工程として、製品を開発して市場に供給する責任を製造部門に移管する役目も担っている。イノベーション・センターと製品部門の間のギャップは大きく、数多くの失敗の原因となっている。

　大抵の場合、製造部門はイノベーション・センターを、新製品の供給源としては価値が低いとみなしがちである。それは、企画から製品化にいたるには数年はかかるのが普通だし、その間、資金を使うばかりでエンジニアから支持されないのである。彼らはまた、イノベーション・センターが実際の製品の世界での経験が不足している人たちが住む象牙の塔であると考えがちである。

　イノベーション・センターを事業価値の創造に役立てるために、事業方針と実際の運用モードを事業部門に結び付ける重要なガイドラインを紹介しよう。

- イノベーション・センターは、新製品のコンセプトを作成することに完全に特化して、単独の予算を持ち、CEOへ直接報告することが必要である。イノベーションを市場に投入するためには、製品部門への金銭的な報酬を提供する必要があり、その費用を負担しなければならない。また、起業家的スタッフによる貢献を十分に認めなければならない。
- 成功への鍵は、イノベーションが確実に商業的価値へ効果的に変わるようにすることである。イノベーション・センターにおけるプロジェクトは、コンセプトから商業化にいたるまでの価値提案で、画期的な製品の可能性を備えていなければならない。予想される製品が、既存の部門に適合しない場合は、まったく新しい事業部門を確立する必要がある。
- 特定のプロジェクトのためのチームは、商業化に関与するすべての社内部門

195

から参加して設立されるべきである。チームのメンバーは、イノベーション・センターから来るか、製品部門から割り当てられるか、社外から募集されることになる。チームは小規模でなければならず、市場投入に関与する組織の尊敬を得ている、経験豊富なリーダーを持たなければならない。

マーガレット・ミード（Margaret Mead）※の言を伝えよう。
「思慮深く、人々に献身的な小さなグループが、世界を変えられることを疑ってはなりません。実際に、世界を変えてきたのはそういう人たちなのですから」

新製品が形になってきた時、製品部門は企業の財務計画によって設定された収支で運営されているという事実を忘れてはいけない。RCA 社や、従来型の製品ライン管理を行っている会社では、新製品のアイデアを市場に出すうえでの主な障害は、製品部門に対する財政的圧力だった。

研究所の人々は、自分のアイデアが成功して製品化されることを熱望していたが、製品部門の管理者は、プロジェクト間の優先順位付けという難しい課題に直面していた。そこには、顧客が要求する短期間での製品の開発、自社のエンジニアによって始められた革新的な製品開発、さらに、幹部が短期的な視野のプロジェクトよりも懐疑的な見方をする、リスクの高い長期的なプロジェクトが含まれていた。

研究所におけるプロジェクトの勝者になるには、製品事業部の管理職による審査の機会を得るために、企画の中に何か特別なものを持っていなければならない。研究所は障壁を解消するために 2 段階のアプローチを取った。それは事業部への財務的な援助と、個人的な動機付けであった。財務的な問題に対しては、研究所は革新的なプロジェクトのために別の予算を持っていた。それは製品部門の管理者に提供され、最終的な開発と生産に向けた新製品開発のための

※マーガレット・ミード
1901 〜 1978 年。アメリカの文化人類学者。サモアの研究などで知られる。死後、大統領自由勲章を受賞。

第 10 章　将来を確かなものにする
Ensuring the Future

費用補助となった。

　個人的な動機付けへの対処としては、研究所はすべてのチームメンバーが対等な立場にいると確実に感じられるようにした。問題の根底にあるのは、しばしば事業部のエンジニアの多くが、研究所の研究者がより高い地位に位置付けられていると感じていたことであった。事業部のエンジニアは、新製品の開発ではなく、事業継続に責任を負っていた。地位に関する潜在的な憤りを解消した後、製品化への移行チームの結束を固めるため、チーム全体で研究所のグループ業績賞の対象メンバーになることで、成功によるすべての名誉を共有していることを証明したのである。

原則6：すべてのレベルでイノベーションを促す
Principle 6: Encourage Innovation at All Levels

　製造現場で働く人々から革新的なアイデアはわいてこないと考えているかもしれないが、予期せぬ情報源から良いアイデアが得られることは、経験からもわかるはずである。新技術が生産段階に入るということは、予期せぬ問題と新たな発見の世界に入ることでもある。

　小規模な段階では解決したはずの課題が、生産量が上がるにつれてまた問題を引き起こすことがある。結果として、大量生産となった時の遅延があたりまえになる。新技術を巨大市場に効果的に導入できた企業というのは、製品を迅速かつ許容可能なコストで市場に供給できるような革新的な働きをする人が、実際に工場労働者とともに働いたことで成功したのである。複雑な新技術を新しいチームに引き渡すだけで、完璧な履行を期待して待つなどという仕事はあり得ない。

　ヘンリー・クレッセルは、新しいトランジスタの"2N2102"を大量生産しなければならなかった時に、このことを学んだ。工場を稼働させている間、彼は午前10時から真夜中まで働き、二つの生産シフトをまたいで、工場の時間作業者を新しいプロセスに対応させるために訓練した。

　彼の経験は、モチベーションとイノベーション・マネジメントにおいて重要

197

な教訓をもたらした。研究室で開発したものと同じプロセスを用いて製造ラインを立ち上げた時、トランジスタの製造歩留まりは約30％で、10個のうち3個が適切に機能していた。今日のハイテク産業では悪い数値だが、初期の頃の最初の結果としてはかなり良い数値であった。しかしながら、数回の試行の後に製造ラインが生産量を増やし始めると、歩留まりが10％まで急落した。そのレベルの歩留まりでは、市場で販売する製品価格が高くなりすぎる。明らかに壊滅的であった。ヘンリー・クレッセルは、工程の各段階を体系的に分析して、どこがまちっているかを調査した。その分析のために、作業者とともに働いた。

　その結果、作業者が仕様書に従って手順通りに操作していないことがわかった。理由は、いくつかの手順が明確に指示されていなかったからだが、作業者としては、製造工程における彼らの解釈に基づいて、生産性を高めようと独自の工夫を加えていたのである。しかし彼らには、歩留まりを維持するためには、どの段階の作業を正確に実行しなければならないかまでは判断できなかった。そこの理解がなかったために、製造工程の完全性を損なうことになったのである。生産量が増えるだけ、歩留まりも低下していった。

　ヘンリー・クレッセルが打ち出した解決策というのは、化学槽の薬液の組成と温度を注意深くモニターして、高レベルの清浄度を維持できるような計画が立てられる、主任作業者を任命することであった。

　特定の作業工程とその背後にある考え方を作業者に説明すると、彼らは即座に製造工程を調整してしまった。実際、彼はこれらの作業者を観察していく中から、プロセスに重要な変更を加えていった。作業者の多くは彼らの家族を支えるために働きに出ざるを得ず、高等教育を終えていないものも多かった。しかし彼らは、非常に迅速に学び、適応力が高かった。

　わずか4週間で歩留まりは70％を超え、製造ラインは商業的に成り立つ製品を生産できるようになった。そういう結果につながったのは、作業者も会社の仲間として扱われたことで、彼らがプロセス改善に貢献し続けたからであった。作業者の協力的な態度には感謝が贈られ、彼らも改革の現場に参加できることを楽しんでいた。

第 10 章 将来を確かなものにする
Ensuring the Future

原則 7：絶え間なきイノベーション
Principle 7 : Innovate Continuously

このような学習が、2010 年代のまったく異なる産業構図の中で、どれほどの関係があるのか。その質問はきわめてもっともである。社内の開発研究所や、大きなビジネスユニットを持つ動きの遅い企業…エレクトロニクス革命の初期にあったそういう考え方は、今や奇妙に響く。

明らかに、過去のビジネスプロセスは、デジタル時代における世界の変化のスピードに対処するには不十分である。当時は、新しいハードウェア製品やソフトウェア製品のモデルを作るのにも何年もかかっていた。これは、過度に活発な現在のグローバル化市場においては、永遠のようなものである。我々は、新しい携帯電話が毎年登場して、スピードもパワーも機能も前のモデルの 2 倍になっていることに慣れてしまっている。そして、数か月おきに、次世代の小型で高性能で安価なタブレット・コンピュータが登場する。グローバルな競争の激化は、加速するイノベーションのスピードに追いついていかなければならないという課題を拡大させている。

しかし、チャレンジの本質はほとんど変わっていない。改革を促進したい企業は、そのイノベーションが市場に届くための投資水準を組み込むとともに、改革を進める人に動機を与えて、適切なチェックとバランスをとれる組織構造を維持しなければならない。

そういった創造力への関与は、CEO と連携している経営幹部から始めなければならない。まず、経営幹部はイノベーション管理に注意を払う必要がある。将来、会社がそれに依存する可能性があり、彼らだけがその資源を約束して、成功に必要な文化を創造することができるからである。

デジタル時代に企業内のイノベーションを推進するということは、人々の考え方や行動を変えて、企業をより柔軟な組織に変化させ続けることを意味する。つまり、迅速に動かなければならないのである。日々変化するビジネスニーズや市場のトレンドからのプレッシャーに適応できる新製品を開発して、さらにそれを生産していかなければならない。今日の製品設計と開発ははるかに柔軟

199

性があり、製品の市場への到達をより早くすることができる。

　現在、知的活動が製品開発の中核となっている。かつての従業員を専門化するという考え方は崩壊した。イノベーションは、もはや華々しい創案者からなる小さなエリートチームの仕事ではない。企業は、シンクタンクに研究開発グループを分離することは、彼らを現実から分離することであると学んだ。そして、会社の組織間で、プロジェクト移転の遅延を待つ余裕はない。その代わりに企業は、分野間の境界が最小限で、より柔軟な組織を構築していった。そういった環境での従業員は、必要な時に迅速に招集されて、仕事が完了したら解散するという革新的なチームで一緒に働くことになる。

　機敏かつ柔軟な組織の世界へようこそ！

結論

Conclusion

　　あなたが後生に残すべきは石碑に名前が刻まれることではなく、他者の生涯に編み込まれることである。－ペリクレス（Pericles）[※]

本を執筆する時の自問自答は、ベンチャーを始める時の問いによく似ている。

- どのような市場問題に対する解決策を見つけようとしているのか？
- 顧客は誰なのか？
- 成すべき仕事は何か？

　我々が選んだのは、画期的なベンチャーを創る手法を概観することであった。我々や他の人たちが準じたその取り組み方は、単に富を創造するだけではない。それは、人々の生き方や働き方を大幅に改善することをビジネスの第一義とするベンチャーの創出を実現するものである。

　あなたは、ベンチャーを構想して製品を開発し、試行錯誤しながら市場に適応させる必要がある。我々は、失敗の文化を支持しない。それは、あまりにも多くの不確実性と無駄を生む。最悪なのは、あなた自身の才能と時間を浪費することである。

　もし、あなたの目標が本当に世界を変えることなら、本書で概説しているプロセスとガイドラインに従うことをお勧めする。セコイア・パートナーズ社のベンチャー・キャピタリストであるマイケル・モリッツの言葉を伝えよう。「きわめて大きなビジネスというのは、技術革新の結果ではありません。それは、優れた市場機会、事業計画、価値提案、チームとリーダーシップ、資本、市場参入などを含む、あらゆる要素によるものです」

※ペリクレス
古代アテナイの政治家。紀元前5世紀頃にアテナイの最盛期を築き上げた。

我々は、ベンチャーをうまく離陸させるためだけの手引き書を書こうとしたのではない。むしろ、あなたの役に立つロードマップを提供することを目標とした。そこには、ベンチャーのコンセプトにつながる最初のインスピレーションから始まり、トップ投資家との資金調達のための会議、IPO を実行するかどうかの決定、さらに企業上場後のイノベーションの文化の維持にいたるまで、会社が存続する間のあらゆる段階が含まれている。マイケル・モリッツは、「最初の時期は、生き残ることがとても大変です。その課程には停車場が必要ですが、行く先は必ず明るく照らされていなければなりません。その道は、進むことができるとあなたにはわかっている方向であり、最終的には地平線の果ての広大な別世界へと広がっていくのです」[1] とも述べている。

　その道の先で直面するかもしれない課題を知ることは、あなたの選択や、あなた自身と会社の位置付けに影響を与えるだろう。そして、あなたの未来を、さらに個人的な将来をも形作ることになる。たとえば、成功したベンチャーが、ある段階まで成長した後に、あなたとあなたのチームを必要としなくなるかもしれない。それを理解することは衝撃的かもしれないが、事実なのである。そして、あなたが去らなければならなくなった後に気付くのではなく、"今"、それを知っておくべきなのである。さらに、偉大な企業の一員としての役割を果たし、初期の段階の会社を構築してきたことは、それ自体が大いなる成果であり、祝福と報酬を受ける価値があることを理解しなければならない。

　昨今、"changing the world（世界を変える）" という言葉は、あらゆる自称・技術系起業家とスタートアップチームが使うスローガンになっているものの、バカバカしくて絶望的なゴールに見えることは、我々もよくわかっている。そういう考え方は、HBO[※]の "シリコンバレー（Silicon Valley）[※]" というコメディの中で、テッククランチ・ディスラプト（TechCrunch Disrupt）[※]のカンファ

※ HBO
Home Box Office。アメリカのケーブルと衛星を使ったテレビ局。
※シリコンバレー
2014 年にスタートしたシチュエーションコメディのテレビシリーズ。シリコンバレーにスタートアップを設立した若者を描いている。

結論
Conclusion

レンスのパロディとして、無残な風刺にあっている。駆け出しの技術系起業家が相次いで登壇しては、技術的なご託を並べる一方で、"世界を変える"と約束していくのである。「私たちは世界をより良い場所にするために…、分散型合意形成のためのアルゴリズムを…」とその中の一人が言い、「より良い場所とは、エンドポイント（端点）間の通信のための標準的なデータモデルを通じて…」と続いていく。

しかし我々は、"世界を変える"ことは、まだ価値ある目標だと信じている。そういう野心が偉大な企業を創ってきたし、これからもそれは続くだろう。そして、本書の原則と手法を活用することで、勝算は大幅に上がる。

ここで、あなたにアドバイスを贈ろう。

目標を高く持ち、画期的なテクノロジーや差別化されたビジネスソリューションを利用して、働き方や生き方を深く変えてしまうような永続的な企業を創られんことを！

※テッククランチ・ディスラプト
IT 系スタートアップ向けのニュースサイトである TechCrunch が開催するイベント。

注記

NOTES

※ウェブ・サイトは変更あるいは閉鎖されている可能性があります。

第1章

1. Mike Moritz, personal communication.

2. 価値提案と事業計画の詳細は第5章で詳しく解説。

3. Norman Winarsky, "The Quiet Boom," Red Herring Newsletter 2, no. 1（January 2004）.

4. このプログラムの詳細は以下を参照。

   http://en.wikipedia.org/wiki/CALO.

5. Dag Kittlaus に関しては以下を参照。

   https://www.linkedin.com/pub/dag-kittlaus/0/958/95b.

6. 以下を参照。

   http://scobleizer.com/?p=6299.

第3章

1. Henry Kressel and Thomas V. Lento, Competing for the Future：How Digital Innovations Are Changing the World（Cambridge, UK：Cambridge University Press, 2007）.

2. 詳細については以下の書籍の 149 〜 171 ページを参照。

   Henry Kressel and Thomas V. Lento, Entrepreneurship in the Global Economy：Engine for Economic Growth（Cambridge, UK：Cambridge University Press, 2012）.

3. Eli Harari, personal communication.

   SanDisk は Warburg Pincus の投資ではなかった。

4. 以下を参照。

   http://www.intuitivesurgical.com.

第4章

1. Vinod Khosla, personal communication.

2. 以下からの引用。

   Grant's 32, no. 21（2014）：6.

3. Eli Harari, personal communication.

4. Greg Olsen, personal communication.

注記
NOTES

第 5 章

1. Bart Stuck, personal communication.
2. 以下を参照。
   http://businessinsider.com/intel:business plan for 1968
3. Warburg Pincus の内部情報。
4. Warburg Pincus の内部資料。

第 6 章

1. Yinglan Tan, The Way of the VC：Having Top Venture Capitalists on Your Board（New York：Wiley, 2010）の 188 ページから。

   用語の定義：本章で説明する資金調達プロセスの精神を最もよく表しているため、"venture capital funding（ベンチャー・キャピタルへの出資）" という用語を使用する。初期段階の企業への投資には、"private equity funds（プライベート・エクイティ・ファンド）" と呼ばれる未公開会社への投資もあるが、それは主に既存の企業に対するものである。Warburg Pincus のような企業はプライベート・エクイティ企業として説明されることも多いが、歴史的に見るとスタートアップを含めたあらゆる段階で企業に資金を提供してきた。
2. National Venture Capital Association, Yearbook of the National Venture Capital Association（Arlington, VA：NVCA：annual）.
3. Mike Moritz, personal communication.

第 7 章

1. Eli Harari, personal communication.

第 8 章

1. 以下を参照。
   Henry Kressel and Thomas V. Lento, Investing in Dynamic Markets：Venture Capital in the Digital Age（Cambridge, UK：Cambridge University Press, 2010）.
2. Alfred Chuang, personal communication.
3. William H. Janeway, Doing Capitalism in the Innovation Economy（Cambridge：Cambridge University Press, 2012）, 127.

第 9 章

1. Mark Goldstein, personal communication.

2. Jeff Ganek, personal communication.

3. 同上。

4. Ed Grzedzinski, personal communication.

第 10 章

1. Charles A. O'Reilly III and Michael L. Tushman, "Organizational Ambidexterity in Action : How Managers Explore and Exploit," California Management Review 53, no. 4（summer 2011）の 5 〜 21 ページ。

2. Ken Pickar, personal communication.

3. Quoted in Fritz Stern, Einstein's German World（Princeton, NJ : Princeton University Press, 1999）の 19 ページ。

4. 同書の 88 ページ。

5. 本章では、Milton Chang の Maslow に関する優れた論文である以下の資料の 124 〜 129 ページを参照している。

   Milton Chang, Establishing a Successful Technology Business（2011）.

6. 詳細な説明は、SRI の CEO だった Carlson が NABC 入門の説明と図解を行っている以下を参照。Curt Carlson and Bill Wilmot, Innovation : The Five Disciplines for Creating What Customers Want（New York : Random House, 2006）.

7. Robert G. Cooper, Winning at New Products（New York : Addison-Wesley, 1986）.

結論

1. Mike Moritz, personal communication.

索引
INDEX

英字

A ラウンド	134
BEA システムズ社（BEA Systems）	165
CALO（Cognitive Assistant that Learns and Organizers）	26
CEO（最高経営責任者）	80、157
CFO（最高財務責任者）	74、90
COO（最高執行責任者）	96、180
Cortana	23
CPA（cost-per-action）	30
DARPA	25、65
DIRECTV	61
Echo	23
GE 社（General Electric）	61
Google Now	23
HBO	202
Hulu	61
IBM	107
iOS モバイルデバイス	38
IoT（Internet of Things：モノのインターネット）	63
iPhone	14
IPO	22、177
JP モルガン社（J.P.Morgan）	123
M*A*S*H	26
MCI 社（Microwave Communications）	47
NABC 法	192
Netflix	61
RCA・サーノフ・メダル	188
RCA 社（RCA Corporation）	16、61
RDA 社	118
RMI 社（Raza Microelectronics）	89

207

S&P500 ································· 172

SaaS（software as a service） ······· 105

Siri ··························· 14、23、175

Siri 社 ······················ 17、23、175

Siri の価値提案書 ···················· 30

SRI インターナショナル社（SRI International、SRI） ····· 16

SRI ベンチャー社（SRI Ventures） ········· 16

US バンコープ社（US Bancorp） ·········· 72

US ベンチャー・パートナーズ社（US Venture Partners） ····· 155

YouTube ··························· 61

あ

アイディーシー社（IDC） ·············· 104

アクセンチュア社（Accenture） ········· 107

アダム・シェイヤー（Adam Cheyer） ······ 23

アップル社（Apple） ················· 14

アティック・ラザ（Atiq Raza） ·········· 89

アブラハム・マズロー（Abraham Maslow） ··· 188

アブラハム・マズローの欲求の階層 ········ 188

アマゾンドットコム社（Amazon.com） ····23、105、109

アルフレッド・チュアン（Alfred Chuang） ·· 166

アンモニアの生産 ···················· 186

イノベーション管理 ··················· 199

イノベーション・センター ·············· 195

イノベーションの概念 ················· 191

イノベーション・マネジメント ··········· 197

インテュイティヴ・サージカル社（Intuitive Surgical） ···17、65

インテリジェント・アシスタント（知的な助手） ····· 25

インテル社（Intel） ·············· 68、100

ヴァンガード（Vanguard：先導者、先頭） ··· 24

ウェブ・サーバー ···················· 167

ウェブ・サービス ···················· 57

ウェブロジック社（WebLogic） ·········· 167

ウォーバーグ・ピンカス社（Warburg Pincus） ···· 15

ウディ・アレン（Woody Allen） ········· 129

馬と騎手 ··························· 79

索引
INDEX

エージェント・ベースド・システム（agent-based system）……………………32
エド・グルゼッドジンスキー（Ed Grzedzinski）………………………73
エド・スコット（Ed Scott）………………………………………… 169
エミー賞…………………………………………………………… 188
エラボン社（Elavon）…………………………………………………72
エリ・ハラリ（Eli Harari）……………………………………………64
エンジェル・ラウンド……………………………………………… 134
オブジェクト・リレーショナル・データベース…………………………92
オラクル社（Oracle）……………………………………… 112、172
音声・人工知能センター………………………………………………23
音声認識（speech-to-text）技術 …………………………………31

か

カーツ・カールソン（Curt Carlson）……………………………… 17
カール・ボッシュ（Carl Bosch）……………………………… 186
会社の売却…………………………………………………………… 174
外部監査……………………………………………………………… 178
価格競争……………………………………………………………… 163
革新の文化…………………………………………………………… 181
カシースト社（Kasisto）…………………………………………38
カスタム製品ベンダー……………………………………………… 148
価値提案（書）（value proposition）………………… 14、49、118
カナダロイヤル銀行（RBC：Royal Bank of Canada）……… 177
株式交換…………………………………………………………… 176
株式の希薄化（dilution）…………………………………… 122
カレン・マイヤーズ（Karen Myers）……………………………26
環境保全技術（greentech）………………………………… 112
起業時の心得4か条……………………………………………21
企業理念…………………………………………………………… 100
技術移転（tech transfer）…………………………………… 19
技術の押し売り（tech push）………………………………… 19
規範………………………………………………………………92
業界統合…………………………………………………………… 164
業界標準…………………………………………………………… 164
業績評価制度……………………………………………………… 160
共同体の一員……………………………………………………… 189

209

協力企業……………………………………………………………………… 149
グーグル社（Google）………………………………………………… 23、172
クライアント・サーバー…………………………………………………… 112
クラウド・コンピューティング…………………………………………… 105
クラウド・サービス………………………………………………………… 109
グランドアライアンス（壮大な提携）…………………………………… 61
クルップ社（Krupp）……………………………………………………… 187
グレッグ・オルセン（Greg Olsen）…………………………………… 91、179
クロスオーバー（転換点）………………………………………………… 172
ゲイリー・モーゲンサラー（Gary Morgenthaler）…………………… 34
ゲーテ（Goethe）…………………………………………………………… 77
原価計算……………………………………………………………………… 161
研究所のフェロー…………………………………………………………… 190
ケン・ピッカー（Ken Pickar）………………………………………… 184
ケン・ランゴーン（Ken Langone）……………………………………… 82
高精細 TV（HDTV）……………………………………………………… 61
ゴードン・ムーア（Gordon Moore）…………………………………… 101
ゴールドマン・サックス社（Goldman Sachs）………………………… 123
国際的な進出………………………………………………………………… 88
コダック社（Kodak）……………………………………………………… 172
コバッド・コミュニケーションズ社（Covad Communications、コバット社）……62、67
コモディティ化……………………………………………………………… 163

さ

サーベンス・オクスリー法（Sarbanes-Oxley Act：企業改革法）……… 60
財務管理……………………………………………………………………… 144
財務計画……………………………………………………………………… 116
財務責任者…………………………………………………………………… 89
ザック・レムニオス（Zach Lemnios）………………………………… 26
差別化………………………………………………………………………… 107
ザ・ホーム・デポ社（The Home Depot）……………………………… 82
サンディスク社（SanDisk）……………………………………………… 63
サン・マイクロシステムズ社（Sun Microsystems）………………… 112、172
シード・ラウンド…………………………………………………………… 134
ジェネラル・パートナー（general partners）………………………… 123
ジェフ・ガネック（Jeff Ganek）……………………………………… 46、79

索引
INDEX

事業開発部門……………………………………………………149、194

事業計画（書）（business plan）………………………14、49、98

事業分岐点………………………………………………………… 117

資金調達ラウンド…………………………………………………… 134

シグナル・レイク・ベンチャーズ社（Signal Lake Ventures）……98

市場と技術動向の融合………………………………………………63

自信過剰……………………………………………………………… 162

システム・インテグレーター……………………………………… 107

シティコープ社（Citycorp）………………………………………75

シミュレーション…………………………………………………… 116

ジャック・ウェルチ（Jack Welch）………………………………61

受像管システムのシミュレーション……………………………… 188

受託責任……………………………………………………………… 136

常駐の起業家（EIR：Entrepreneur In Residence）………………28

ジョージ・バーナード・ショー（George Bernard Shaw）………81

ジョー・ランディ（Joe Landy）…………………………………50

ショーン・キャロラン（Shawn Carolan）………………………34

シリコンバレー（Silicon Valley）………………………………… 202

新規株式公募…………………………………………………………22

人工知能センター……………………………………………………23

人材……………………………………………………………………90

垂直市場（vertical market：特定のニーズを持つ顧客に対する市場）……32

スコーブライザー（Scobleizer）…………………………………36

スタートアップのチーム……………………………………………84

スタンフォード・ナレッジ・システム研究所
（Stanford Knowledge Systems Laboratory）………………………28

スティーブ・ジョブズ（Steve Jobs）……………………………14

ステークホルダー（利害関係者）…………………………………27

ステージゲート法…………………………………………………… 193

制限付き委譲コンピューティング（delegated computing）………32

製造歩留まり………………………………………………………… 198

製品管理……………………………………………………………… 146

製品部門……………………………………………………………… 196

製品マーケティング………………………………………………… 146

セールスフォースドットコム社（Salesforce.com）……………… 109

セコイア・パートナーズ社（Sequoia Partners）……………20、124

セル…………………………………………………………………… 163

211

宣言文（ステートメント） …………………………………………………… 118

センサーズ・アンリミテッド社（Sensors Unlimited） ………………… 179

潜在的利益配分（potential equity payoff）付きのストックオプション ……91

全米技術アカデミー（National Academy of Engineering）…………………16

早期顧客……………………………………………………………………… 147

早期収益……………………………………………………………………… 147

創業者…………………………………………………………………………78

創作者（builders） ………………………………………………………… 180

組織構造……………………………………………………………………… 145

組織作り……………………………………………………………………… 145

ソリーナ・チョウ（Solina Chau）…………………………………………36

た

対等合併……………………………………………………………………… 176

タイミング…………………………………………………………………… 111

太陽電池……………………………………………………………………… 163

ダ・ヴィンチ（Da Vinci） …………………………………………………65

ダグ・キトラウス（Dag Kittlaus） ………………………………………28

度重なる方向転換（pivot） …………………………………………………20

地域ベル電話会社（RBOCs：Regional Bell Operating Companies） ………47

チップ・カイ（Chip Kaye） ………………………………………………72

チャールズ・オライリー（Charles O'Reilly） …………………………… 183

チャック・マクミン（Chuck McMinn） …………………………………68

鎮痛剤…………………………………………………………………………56

デイヴィッド・サーノフ（David Sarnoff） ……………………………… 189

デイヴィッド・サーノフ・リサーチセンター（David Sarnoff Research Center） … 61、190

ディディエ・グッツオーニ（Didier Guzzoni） ……………………………32

データセンター……………………………………………………………… 105

デジタル・サービス・ループ（DSL：Digital Service Loop） ……………68

テッククランチ（TechCrunch） ……………………………………………36

テッククランチ・ディスラプト（TechCrunch Disrupt）……………… 202

デビッド・イスラエル（David Israel） ……………………………………26

デローロ社（Dell'Oro） …………………………………………………… 104

電話番号の変更………………………………………………………………45

投資委員会…………………………………………………………………… 133

投資家………………………………………………………………………… 125

投資銀行 ･･ 123

投資条件 ･･ 133

投資ラウンド ･･ 134

ドッド・フランク法（Dodd-Frank Act：金融規制改革法）･･････････ 60

トニー・テザー（Tony Tether）･･････････････････････････ 26

トム・グルーバー（Tom Gruber）････････････････････････ 26

トムソン社（Thomson）････････････････････････････････ 61

トム・ディエッターリッヒ（Tom Dietterich）･･････････････ 26

トラベロシティ（Travelocity）･･････････････････････････ 58

な

内部評価プロセス ･･････････････････････････････････････ 95

並外れて創造的な人々 ･･････････････････････････････････ 185

ニッチ企業 ･･ 164

ニュアンス・コミュニケーションズ社（Nuance Communications、ニュアンス社）･･･ 17、31

ニュースター社（Neustar）････････････････････････････ 44

ネス・テクノロジー社（Ness Technologies、ネス社）････････ 73

ノーマン・ウィナースキー（Norman Winarsky）･･････････ 15

ノキア社（Nokia）･･･････････････････････････････････ 172

ノバ・インフォメーション・システム社（Nova Information Systems、ノバ社）･･････ 70

は

バーチャル・パーソナル・アシスタント ････････････････ 29、175

バーチャル・パーソナル・スペシャリスト ･･････････････････ 38

バート・スタック（Bart Stuck）････････････････････････ 68、98

パートナー ･･ 123

バーン・レート（毎月の利用可能な現金の利用率：資金使用率）･･････ 144

買収者 ･･ 144

パウル・エールリヒ（Paul Ehrlich）･･････････････････････ 185

"破壊的" な環境 ･･･････････････････････････････････････ 109

パケットホップ社（PacketHop）････････････････････････ 155

場所の選定 ･･ 142

反復のイノベーション・プロセス ････････････････････････ 193

ビーエーエスエフ社（BASF）･･････････････････････････ 186

ビジネスエコシステム ･･････････････････････････････････ 142

ビジネスビジョン ･･････････････････････････････････････ 103

213

ビジネスモデル··103、104

ビタミン剤··56

ビッグデータ（big data）···112

ビノッド・コースラ（Vinod Khosla）···80

ヒューレット・パッカード社（Hewlett-Packard）·····························112

標準規格··165

ビル・コールマン（Bill Coleman）···168

ビルジ・アウグット（Bilge Ogut）···50

ビル・ジェーンウェイ（Bill Janeway）··74

ビル・マーク（Bill Mark）··24

フェアチャイルドセミコンダクター社（Fairchild Semiconductor）··············101

フォーカスグループ··81

腹腔鏡手術··65

プライベート・エクィティ投資（未公開株式への資本投資）·····················122

フラッシュメモリ··64

フランク・ブロッキン（Frank Brochin）·······································68

ブランチ・リッキー（Branch Rickey）··18

フリッツ・ハーバー（Fritz Haber）··186

プリ・マネー・バリュエーション（投資前に会社に課した価値）·················134

ブリンゴ社（Vlingo）··175

フレームワークの8要素···42

ブロードコム社（Broadcom）···102

プロジェクト管理··146

ブロックバスター社（Blockbuster）··58

ブロックバスター・トランジスタ···188

米国合衆国技術賞（National Medal of Technology and Innovation）············64

米国国防高等研究計画局
　　（DARPA：Defense Advanced Research Program Agency）··············25、65

米国国立衛生研究所（NIH：National Institutes of Health）···················65

米国食品医薬品局（FDA：Food and Drug Administration）·····················66

米国ベンチャーキャピタル協会（National Venture Capital Association）·········124

米国連邦通信委員会（FCC：Federal Communications Commission）·············48

ペリクレス（Pericles）··201

ベンチャー··15

ベンチャー・キャピタリスト···88

ベンチャー・キャピタル···122

ベンチャー・キャピタル・パートナー···133

索引
INDEX

ベンチャー・キャピタル・ファンド ··· 123
ベンチャー・デッキ（venture deck）··· 100
ヘンリー・クレッセル（Henry Kressel）·· 15
ヘンリー・フォード（Henry Ford）·· 85
ポータブル・メモリシステム ··· 65
ボブ・ノウリング（Bob Knowling）·· 68
ホライズン・ベンチャー社（Horizon Ventures）····································· 36
ポラロイド社（Polaroid）·· 172

ま

マーガレット・ミード（Margaret Mead）··· 196
マーク・ゴールドスタイン（Mark Goldstein）······································· 177
マーク・フォスター（Mark Foster）··· 48
マーケティング戦略 ··· 103
マーティン・ルーサー・キング・ジュニア（Martin Luther King Jr.）·············· 81
マイク・ラック（Mike Lach）·· 180
マイクロソフト社（Microsoft）·· 23、172
マイクロプロセッサー技術 ·· 63
マイケル・モリッツ（Mike Moritz）··· 20、124
ムーアの法則 ··· 68
メイフィールド・ファンド社（Mayfield Fund）····································· 155
メンロー・ベンチャー社（Menlo Ventures）·· 34
モーゲンサラー・ベンチャー社（Morgenthaler Ventures）····························· 34
モトローラ社のXプロダクト部門（X Products Division）····························· 194
モトローラ・モビリティ社（Motorola Mobility）····································· 172
モバイル・アドホック・ネットワーク··· 155

や

役員会 ··· 135
ヤロン・ポラック（Yaron Polak）·· 74
有限責任パートナー ··· 123
ユビキタス ·· 24

ら

ライコム社（Licom）·· 159

215

ラビフ・ゾラー（Raviv Zoller）···73

ラリー・ペイジ（Larry Page）···79

ランウェイ（利用可能な現金の残存月数）·································· 144

リード・インベスター（主導的な投資家）··················· 126、134、139

リード・ハント（Reed Hundt）··61

李嘉誠（Li Ka-shing）財団···36

リスク··· 132

レイダー・オライリー（Radar O'Reilly）······························26

レイ・ペロー（Ray Perrault）···26

レッド・ヘリング・ニュースレター（Red Herring Newsletter）·················24

レノボ社（Lenovo）·· 172

レベルワン・コミュニケーションズ社（Level One Communications）·············· 68、151

連邦健康保険法（HIPAA：Health Insurance Portability and Accountability）·············60

ロードショー（地方興行）·· 126

ロードマップ（行程表）·· 118

ロッキード・マーティン社（Lockheed Martin）·······················47

ロバート・スコーブル（Robert Scoble）·······························37

ロバート・ノイス（Robert Noyce）······································· 101

ロバート・ペッパー（Robert Pepper）······························· 151

ロベルト・コッホ（Robert Koch）······································· 185

ロン・ブラフマン（Ron Brachman）·····································26

謝辞
ACKNOWLEDGMENTS

謝辞
ACKNOWLEDGMENTS

ノーマン・ウィナースキー（Norman Winarsky）

本書は、卓越したチームの努力があったからこそ実現できた。それは、偉大なベンチャーと同じである。誰もが、何十年もの経験に培われた才能や叡智、そして情熱を惜しみなく提供してくれた。

私が感謝を申し上げたいのはこの人たちである。

デイビット・リドル（David Liddle）

研究者、起業家、CEO、ベンチャー・キャピタリストとして、深く広範な経験を共有してくれた我が"先生"へ。

カーツ・カールソン（Curt Carlson）

生涯を通してのパートナーシップと友情に。また、偉大なベンチャーを育成すためのフレームワークの開発への貢献に。

ビル・マーク（Bill Mark）

SRI の情報・コンピュータサイエンス部門の責任者であり、この旅をともにしてくれたこと、さらに多くの成功を生み出してくれた手助けに。

SRI と RCA 研究所のすべての研究者

真に世界を変えた、多くの技術を開発した人々へ。

ヘンリー・クレッセル（Henry Kressel）

我が共同執筆者にして、研究者でありベンチャー・キャピタリストとしての立場から、研究者そして企業を構築してきた者として私自身の経験を補完してくれたことに。

217

ベンチャー・キャピタリストのゲイリー・モーゲンサラー（Gary Morgen-thaler）、ヨーゲン・ダラル（Yogen Dalal）、ビノッド・コースラ（Vinod Khosla）、マイケル・モリッツ（Mike Moritz）、ショーン・キャロラン（Shawn Carolan）、ソリーナ・チョウ（Solina Chau）―― SRI や我々のベンチャー・グループの偉大な友人でありサポーターであった人々に。

ティム・サリバン（Tim Sullivan）

ハーバード・ビジネススクール・プレス社の論説員で、本書の発刊を可能とした貴重なサポートと編集作業に。

ロバート・エバーハート（Robert Eberhart）

サンタクララ大学の組織論の助教授でスタンフォード・テクノロジー・ベンチャー・プログラム（Stanford Technology Ventures Program）のフェロー。本書における多くの原理原則と、企業家精神に関する学術研究とを関連付けることで理解を促進させてくれたことに。

私の妻、リスベス（Lisbeth）

生涯にわたる支持者であり伴侶。そして、本書をより良いものにした、批判的なコメントや提案に。

私の娘、ハンネ（Hanne）

この本を書くように促してくれたこと。編集者やライターとしての経験、さらに絶え間ない支えの源泉となってくれた彼女の才能と熱意に。

私の息子たち、デイビッド（David）とピーター（Peter）

彼ら自身が起業家であり、この本を書く私に自信と助けを与えてくれたことに。

謝辞
ACKNOWLEDGMENTS

ヘンリー・クレッセル（Henry Kressel）

　世界で最も成功した未公開およびベンチャーへのキャピタル企業の一つ、ウォーバーグ・ピンカス社（Warburg Pincus）の共同経営者としての経験なくしては、本書は実現しなかった。ウォーバーグ・ピンカス社は1970年代以降、ロンドン、香港、北京、上海、ムンバイ、ブラジルのサンパウロにオフィスを構え、世界的に拡大した。同社は、30か国に及ぶ幅広い業界の企業に対して、500億ドル以上を投資してきた。資金提供を受けた企業は、スタートアップから数十億ドルの収入がある企業にまで及んでいる。

　私なりの投資戦略とビジネス価値構築のための運用原則は、新技術の使用によって差別化されたいくつかの産業分野で、仕事をしている間に作り上げられたものである。その過程において、私は、偉大な起業家と才能豊かなパートナーとの間に、専門分野を通じた素晴らしい関係を構築するという恩恵を受けることができた。

　その人々とは、2002年までの同社の社長だったジョン・L・フォーゲルシュタイン（John L. Vogelstein）、2002年以降の共同CEOのジョセフ・P・ランディ（Joseph P. Landy）とチャールス・R・カイ（Charles R. Kaye）、同社の技術投資戦略に密接に関与して2001年から2006年まで副会長を務めたウイリアム・H・ジェーンウェイ（William H. Janeway）、ジョセフ・シュル（Joseph Schull）、チャング・Q・サン（Chang Q. Sun）、デビッド・リー（David Li）、ヘンリー・シャハト（Henry Schacht）、スティーブン・G・シュナイダー（Steven G. Schneider）、クリストファー・H・ターナー（Christopher H. Turner）、パトリック・T・ハケット（Patrick T. Hackett）、ジェイムス・ニアリー（James Neary）、マーク・M・コロドニー（Mark M. Colodny）、アレックス・バルゾフスキー（Alex Berzofsky）、キャリー・J・デイビス（Cary J. Davis）、ラジ・クシュワハ（Raj Kushwaha）、ビシュヌ・メノン（Vishnu Menon）、チャンドラー・リーディ（Chandler Reedy）、ジャスティン・サドリアン（Justin Sadrian）、アダーシュ・サーマ（Adarsh Sarma）、マイケル・グラフ（Michael Graff）、イン・セオン・ハン（In Seon Hwang）、ピーター・R・ケーガン（Peter R. Kagan）、デビッド・B・クリーゲル（David B. Krieger）、

219

ジェイムス・R・レビー（James R. Levy）、ジョン・K・ロワン（John K. Rowan）、ジュリアン・チェン（Julian Cheng）、ボ・バイ（Bo Bai）、スタン・ラーツ（Stan Raatz）、フランク・ブロッキン（Frank Brochin）、ジェフリー・A・ハリス（Jeffrey A. Harris）、ビルジ・アウグット（Bilge Ogut）、バリー・テイラー（Barry Taylor）、ボー・ボロウィック（Beau Vrolyk）、ティム・カーツ（Tim Curt））である。

　この本を作っていた間、私の未公開企業におけるベンチャー・キャピタル投資の経験と、ノーマン・ウィナースキーのSRIにおける豊富な企業構築経験とを組み合わせながら働けたことは、大いなる喜びであった。

　私の妻のリナ（Rina）は、この本を執筆中に大きな支えになってくれたとともに、本書に取り込むことができた重要で批判的なコメントをくれた。また、子どもたちのアロン（Aron）、キム（Kim）、ロイス（Lois）、ズィーブ（Zeev）からのたゆまざる激励に感謝している。

　ノーマン・ウィナースキーとともに、ハーバード・ビジネススクール・プレス社の論説員のティム・サリバンには、大いなる恩義を感じている。彼の絶え間ないサポートと編集作業のおかげで、この本は完成できた。

　最後に、原稿を作成してくれたティナ・ナス（Tina Nuss）の驚異的な仕事ぶりに対して、大いなる感謝を捧げる。

著者紹介
ABOUT THE AUTHORS

ヘンリー・クレッセル（HENRY KRESSEL）

　ヘンリー・クレッセルは、未公開会社への投資会社として世界的にも屈指の
ウォーバーグ・ピンカス社において、共同経営者および社長を30年以上にわ
たり務めた。在任中、アメリカの国内外を問わず、技術とサービスの多様な分
野への投資をうまく先導し管理した。その分野は、半導体から金融サービス、
発電・蓄電装置、産業用ソフト、通信機器およびそのサービスにまで広がって
いる。これらの企業の多くは、ニューヨーク証券取引所およびナスダックに上
場しており、最終的に、これらの投資は何十億ドルもの企業価値を生み出した。

　彼の経歴は、科学者兼エンジニアとしてスタートした。その後、RCA社の
電子製品やデバイスの研究開発部門の上級管理者、および同社の固体電子製品
部門とRCA研究所の両部門のVPを務めている。また、彼は31の米国特許
を取得するとともに、半導体レーザー分野で広く活用されている教科書をはじ
め、130もの科学論文を発表している。

　これまで、シリコン・トランジスタ、LED、集積回路、半導体レーザー、
太陽電池、マイクロ波装置、固体撮像素子といった数多くの画期的デバイスの
開発の指揮を執ってきた。さらに、史上で最も成功したとされるトランジスタ
を開発した一人であり、半導体レーザーに必要な半導体接合の中核となる技術
を開発した。これらの業績で、全米技術アカデミー会員に選出された。加えて、
米国物理学会と米国電気電子技術者協会（IEEE）のフェローも務めている。

　ハーバード大学で応用物理学の修士号、ウォートン・スクールでMBA、ペ
ンシルベニア大学で工学の博士号を取得している。また、カリフォルニア大学
サンディエゴ校のリージェント講師※を務め、ノースカロライナ州立大学、コ
ロラド大学、カリフォルニア工科大学、コロンビア大学で幅広く講義を行った。
さらに、イェシーバー大学の評議員会の議長と、ペンシルベニア大学とケンブ
リッジ大学の諮問委員会の議長を務めた。また、アメリカ空軍およびNASA

のコンサルタント、国立科学財団のコンサルタントも務めた。その他、「Investing in Dynamic Markets（ダイナミックマーケットへの投資）」や「Venture Capital in the Digital Age（デジタル時代のベンチャー・キャピタル）」を含む4冊の書籍の共著者でもある。

ノーマン・ウィナースキー（NORMAN WINARSKY）

　ノーマン・ウィナースキーは、1946年にスタンフォード大学によって設立された世界的に有名な研究機関、SRIの関連企業・SRIベンチャー社の社長である。さらに、SRIのベンチャー戦略とプロセスの創設者でありリーダーとして、Siri社をはじめニュアンス社やインテュイティヴ・サージカル社など60以上のベンチャーによって、200億ドル以上の企業価値を生み出した。

　これまで、AIや自然言語、コンピュータ画像から医療機器、ロボット工学、ナノテクノロジーまで、広範に及ぶ企業の設立と構築を支援してきた。彼は、多くの企業の役員会の役員や顧問であるとともに、2008年1月にSRIベンチャーから独立し、2010年4月にアップル社に買収されたSiri社の共同創設者兼役員であった。Siriは世界的な現象となり、バーチャル・パーソナル・アシスタントの画期的な市場領域を確立した。

　SRIに入る以前は、RCA研究所とサーノフ研究所において、数学とコンピュータ科学部門のVPを務めた。さらに、スタンフォード大学の客員研究者であり、ニュージャージー州プリンストンの高等研究院数学科の招待会員であり、ニューヨーク州立大学アルバニー校の数学教授であった。

　2000年には、ノーマン・ウィナースキーと彼のチームは、技術進歩における際立った成果でエミー賞を受賞した。具体的には、「視聴者がデジタル処理されたテレビ画像や静止画の品質をどのように認識するかを予測するユニークな技術」に対してであった。さらに、RCA研究所で最高の栄誉であるサーノ

※リージェント講師
Regents Lecturer。カリフォルニア大学には、授業プログラムの充実を図るために学問以外の分野から著名なリーダーを客員として招聘し、授業を行うプログラム（RPLP：Regents Professor and Lecturer Program）があり、そのコースの講師のこと。

フ賞も受賞している。

　現在も、起業家やスタートアップ、研究機関、主要企業と協力して、画期的なベンチャーや製品を創り出している。また、イノベーションを成功させるための枠組みと実践についてアドバイスしている。さらに、何百もの企業や研究所、大学で基調講演を行っている。

　シカゴ大学で、数学の学士号、修士号、博士号を最優秀の成績で獲得した。現在、カリフォルニア州パロアルトに妻のリスベスとともに暮らしている。子供たちのハンネ、デイビッド、ピーターとその家族も、ベイエリアに住んでいる。

【訳者】

長澤 英二 （ながさわ えいじ）

慶應義塾大学工学部電気工学科卒。NEC 中央研究所で、半導体と光デバイスの研究に従事し、半導体のプロセス研究で工学博士号を取得。その後、NEC の LSI 事業部において、集積回路の開発と生産に従事する。この間、英国の NEC セミコンダクターズ（UK）社（NEC Semiconductors（UK））で約 8 年、ジェネラルマネージャーとして勤務。その後、エルピーダメモリ（Elpida Memory）の生産本部長兼広島工場長として、300mm の最先端 DRAM 工場の建設と稼働を担当する。2003 年から東京精密の代表取締役半導体社社長。2009 年から現在までアイピーエヌに在籍し、国際的規模での新規技術の開発とビジネス化に取り組む。

NDC 335

定価はカバーに表示してあります。

"Hey Siri 世界を変える仕事をするにはどうすればいいの？"
―新規事業を立ち上げ、育て、そしてトップになるための手引き―

2017 年 12 月 15 日 初版 1 刷発行

著者	ヘンリー・クレッセル／ノーマン・ウィナースキー	
©訳者	長澤 英二	
発行者	井水 治博	
発行所	日刊工業新聞社	〒103-8548 東京都中央区日本橋小網町14番1号
	書籍編集部	電話 03-5644-7490
	販売・管理部	電話 03-5644-7410　FAX 03-5644-7400
	URL	http://pub.nikkan.co.jp/
	e-mail	info@media.nikkan.co.jp
	振替口座	00190-2-186076

編集協力	C's office （黒川武広）
印刷・製本	新日本印刷㈱

2017 Printed in Japan　落丁・乱丁本はお取り替えいたします。
ISBN 978-4-526-07777-7 C3034
本書の無断複写は、著作権法上の例外を除き、禁じられています。